国家出版基金项目
NATIONAL PUBLICATION FOUNDATION

文明之道

中国式现代化的文化形态

颜晓峰 / 主编

学习出版社

图书在版编目（CIP）数据

文明之道 ： 中国式现代化的文化形态 / 颜晓峰主编. 北京 ： 学习出版社， 2024. 12. --（解读中国式现代化系列）. -- ISBN 978-7-5147-1289-6

Ⅰ. D61

中国国家版本馆CIP数据核字第2024PC8301号

文明之道

WENMING ZHIDAO

——中国式现代化的文化形态

颜晓峰 主编

责任编辑：黄 强 彭绍骏
技术编辑：胡 啸
装帧设计：壹读闻话

出版发行：学习出版社
北京市崇外大街11号新成文化大厦B座11层（100062）
010-66063020 010-66061634 010-66061646
网 址：http://www.xuexiph.cn
经 销：新华书店
印 刷：北京顶佳世纪印刷有限公司

开 本：710毫米×1000毫米 1/16
印 张：17.5
字 数：217千字
版次印次：2024年12月第1版 2024年12月第1次印刷

书 号：ISBN 978-7-5147-1289-6
定 价：75.00元

如有印装错误请与本社联系调换，电话：010-66064915

目　录

导论

在进一步全面深化改革中发展中国式现代化的文化形态

党的二十届三中全会是在以中国式现代化全面推进强国建设、民族复兴伟业的关键时期召开的一次重要会议，全会通过的《中共中央关于进一步全面深化改革、推进中国式现代化的决定》（以下简称《决定》）是新征程上进一步全面深化改革、推进中国式现代化的总动员、总部署。新时代以来，全面深化改革推动中国式现代化取得历史性成就和进展，不断丰富和发展了人类文明新形态。中国式现代化有着与之相一致的文化形态，习近平总书记在文化传承发展座谈会上明确提出“中国式现代化的文化形态”这一重要范畴。进一步全面深化改革开辟了中国式现代化的广阔前景，同时发展着中国式现代化的文化形态，中华文化在新时代达到新的历史高度。

一、改革激活现代化的动力、塑造新型文化

党的二十届三中全会紧紧围绕推进中国式现代化这个主题进一步全面深化改革，以进一步全面深化改革开辟中国式现代化广阔前景。这是基于历史唯物主义社会基本矛盾运动规律的正确决策，是充分运用改革这一社会发展重要机制的战略举措，是准确把握改革与文化、改革与现代化关系的历史主动。

（一）现代化更加需要改革驱动

社会基本矛盾运动是人类社会及其文明发展进步的根本动力，在不同的社会历史条件下，解决社会基本矛盾的方式和途径是不同的。在私

有制社会里，在生产力和生产关系、经济基础和上层建筑的矛盾属于对抗性质，并且处于爆发状态时，就只能采取激烈的阶级斗争、剧烈的社会革命的方式解决。当社会处于平稳发展、社会制度基本稳定时，就可以通过统治集团推行的改革，在一定范围内、一定程度上缓和社会矛盾，保持生产力和社会的发展。在社会主义社会，社会基本矛盾属于非对抗性质，不需要采取大规模的急风暴雨式的群众阶级斗争解决矛盾，改革成为推动社会主义社会发展的根本动力。这就是说，改革是人类社会及其文明发展进步的常态化机制。

自人类社会从农业社会进入工业社会、从封建制度进入资本主义制度，开始了世界现代化的历程起，改革对于推动历史发展的作用明显增大、功能明显增强。在资本主义兴起后，一方面是资产阶级和封建阶级、无产阶级和资产阶级的斗争，继续作为解决社会基本矛盾的基本途径、作为历史发展的直接动力；另一方面是在资本主义制度内，在现代生产力推动下的生产关系更新、上层建筑调整，成为资本主义现代化快速发展的重要动力。如同《共产党宣言》中指出的：“生产的不断变革，一切社会状况不停的动荡，永远的不安定和变动，这就是资产阶级时代不同于过去一切时代的地方。”社会主义国家建立后，怎样在社会基本矛盾属于非对抗性质的情况下，从各国生产力发展水平等国情出发，寻找社会主义社会发展生产力的强大动力和有效途径，是社会主义社会面临的重大课题。中国共产党推进中国式现代化，经历了艰辛探索，得到了经验教训。在党的十一届三中全会后走出了一条依靠改革发展社会生产力、推进中国式现代化的康庄大道。

改革在现代化进程中显示出十分突出的历史作用。由于现代生产力在科技革命和市场机制的双重作用下，也就是科技进步日新月异，市场竞争不断加剧，造成了生产力以前所未有的速度发展的态势。这就使得生产关系和生产力以及上层建筑和经济基础不相适应的情况，表现出常态、突出的特点，改革就成为现代社会运行的经常性现象，成为发展现代生产力不可中断的制度安排。现代化生产是社会化大生产，造就了紧密联系、相互依存的社会化组织及现代化社会，这就使得现代化社会的改革，更多的不是自发的、缓慢的、个别的行为方式，而是在社会和国家层面形成自觉的、迅速的、整体的行为方式，成为改革的社会化和社会化的改革。在现代化国家中，有效地运用法律、行政、财政、金融、政策等手段或杠杆，在不同层次和范围，着眼不同目标和效果，推进多种多样的改革，保证现代化社会的有序运行和持续发展。

（二）现代化意味着新型文明

人类文明的产生是一个渐进和扩散的过程。人使用工具进行生产是人与动物相分离的标志，也是人类创造文明的第一步。人发明文字、图像、符号用于记载、表达和交流，人的思想可以传播、传承，创造了以符号为载体的文化成果，这是人类文明进程的关键一步。人形成制度、组成社会、建立国家，从工具文明、文字文明到社会文明，构成整体意义上的人类文明，人类文明以不可逆的向度进化着、发展着。人类文明的进化发展可以从技术形态、产业形态、制度形态、历史形态等方面作出标识，从人类社会现代化的角度看，以资本主义的产生为界限，人类文明经历了从原始文明到古代文明再到现代文明的过渡和飞跃。机器生产、市场经济、民主政治、自由理念等，标志着现代社会和现代文明的出世。

现代化的进程，实质上是在现代生产力蓬勃发展的驱动下，建立与之相适应的现代生产关系和现代上层建筑。现代化是整体性的，一个领域的变革会引发其他领域的连锁反应及变革，反之，一个领域的滞

◆ 陈列在中国考古博物馆内的绿松石龙形器

在中华文化中，“龙”是威武刚健、神通广大的象征，寄寓着风调雨顺、平安康泰的美好愿望。二里头文化的杰出代表——绿松石龙形器，由2000余片各种形状的细小绿松石组成，巨头蜷尾、曲伏有致，形象生动、色彩绚丽，其制作之精、体量之大，在早期龙形象文物中极为少见，堪称中华民族龙图腾最直接、最正统的根源。从这件龙文物向后看，各个历史时期中国龙的形态、内涵与功用不断充实创新。古往今来，中华民族龙行天下，以旺盛的创造力推动着思想、制度、文化、科技等各方面的进步，对人类发展产生了深远影响。

后也会阻碍其他领域的发展和变革。现代文明是现代化的文明成果和标识，现代化的整体性决定了现代文明的整体性。这不仅表现在生产、分配、交换、消费的各个环节，表现在基本制度、思想文化、价值观念的各个层面，也表现在人的素养的各个方面。从社会领域看，有和现代物质生产相对应的物质文明、和现代政治生活相对应的政治文明、和现代文化生活相对应的精神文明、和现代社会关系相对应的社会文明、和现代生态建设相对应的生态文明，还有和现代人的发展相对应的人的文明。实际上，这些不同形式和样态的文明都是整体现代文明的有机组成部分。

现代化造就现代文明。现代化既有不同民族、不同地区、不同传统的现代化，也有不同社会形态、不同社会制度的现代化，形成了不同性质的现代文明。按照社会形态、社会制度区分，现代文明经历了不同发展阶段，迄今为止，存在于两种社会形态、社会制度之中，即资本主义现代文明和社会主义现代文明。资本主义是现代文明的创立者，资本主义创造了人类历史上前所未有的新型文明。社会主义现代文明建立在资本主义现代文明全部有益成果之上，是脱胎于资本主义现代文明而又超越其文明形态的新型现代文明。社会主义现代文明，因其制度优势和思想文化的先进性，展现出了强大的生命力。中国式现代化创造的人类文明新形态，正是社会主义现代文明的典型代表和生动证明。

（三）现代化在改革中塑造新型文化

现代化进程需要改革驱动、依靠改革开路，不停顿的改革是现代化社会的显著标志。改革就是要解决现代化进程中生产关系和生产力不相适应的方面，使生产力得到更为顺畅的发展，创造出更为多样、更高品质的物质文明，同时生产关系也在这一调整适应的过程中形成了更为合理、更为先进的制度文明；要解决上层建筑和经济基础不相适应的方面，使经济基础得到更为有效的保障，维护好有利于社会生产力发展的生产关系，同时促进上层建筑自身加以完善，政治上层建筑更有效率，思想上层建筑更具引领力，与经济基础的发展更加相适应。文化内生于生产力和生产关系、经济基础和上层建筑的各领域各环节之中，改革促进社会基本矛盾在一定程度上得到缓解，同时促进文化在不同领域得到发展提高，因而改革塑造新型文化。

现代化不仅包括器物层面、制度层面的现代化，也包括观念层面的现代化，要求与现代化相适应的价值观念和思维方式。文化是现代化的重要软实力。改革对于文化变革、观念更新、价值塑造的作用和影响，也是十分重大和深远的。改革开放初期，广东深圳蛇口写出了“时间就是金钱，效率就是生命”的口号，得到了邓小平的肯定。改革对于思想文化的影响和改变作用，是在改革经济关系、政治关系的过程中，促成了与之相适应的思想关系的生成，将新的经济关系、政治关系的本质属性，以思想观念、价值准则的形式体现出来。改革还包括对思想文化生产的体制机制进行调整，使之更有利于产出符合先进生产力发展要求的思想文化。在这样的改革过程中，新型文明在新的思想文化滋养中生长出来。

改革内在于现代化的各个领域和整个进程中，现代化正是在全方位和无止境的改革中，塑造出不断拓展和持续更新的现代社会及现代文化。在以往的生产方式中，改革的动力更多地来自统治集团的主动作为，来自民间自发的发展要求，来自应对自然环境的变化和外部力量的威胁。在现代化社会中，改革不仅来自传统社会的动力，而且来自资本主体、依靠资本逻辑，资本运行的规律要求破除与其不相适应的经济关系和社会关系，形成了资本对于改革的强大驱动和主动力量。在现代化之前的社会形态中，生产力和社会发展缓慢，一个很重要的原因就是改革还没有常态化、普遍化，对于生产力和社会发展还没有起到主导和支配的作用。在现代社会中，改革与现代化高度契合，造就了现代社会日新月异的加速度发展态势，由此改革也标识着现代文化。

二、推进中国式现代化、不断丰富和发展人类文明新形态，要求进一步全面深化改革

党的二十大明确了新时代新征程党的中心任务，以中国式现代化全面推进强国建设、民族复兴伟业成为新时代最大的政治。习近平总书记在党的二十届三中全会上指出："党的二十大对全面推进中国式现代化作出了战略部署。进一步全面深化改革，必须紧紧围绕推进中国式现代化这个主题来展开。"中国式现代化创造人类文明新形态。全面推进中国式现代化，不断丰富和发展人类文明新形态，必须把改革作为"破冰船""动力机"，在进一步全面深化改革中发展中国式现代化的文化形态。

（一）实现新时代新征程党的中心任务，建成富强民主文明和谐美丽的社会主义现代化强国，迫切需要进一步全面深化改革

进一步全面深化改革，来自改革开放和新时代的历史经验，是开启新征程、实现新目标的必然要求。党的十一届三中全会以来，我们党高举改革开放旗帜，开启了改革开放和社会主义现代化建设新时期，创造了经济快速发展和社会长期稳定两大奇迹。党的十八届三中全会以来，我们党继续高举改革开放旗帜，书写了两大奇迹新篇章。事实证明，改革是发展中国、发展社会主义、实现中国式现代化的必由之路。只有改

革才能解放和发展社会生产力，提高人民生活水平，使国家长治久安。党的二十届三中全会推动进一步全面深化改革，正是基于改革开放以来特别是新时代全面深化改革所得出的宝贵经验、所证明的历史规律。习近平总书记在党的二十届三中全会上指出："新时代新征程上，要开创中国式现代化建设新局面，仍然要靠改革开放。"实现新时代新征程党的中心任务，必须坚定高举改革开放旗帜，紧紧围绕中国式现代化主题进一步全面深化改革。

进一步全面深化改革，为发展中国式现代化的文化形态提供制度保障。文化是在生产实践、生活实践、社会实践中逐步发展起来的，一定的制度形态是文化发展的结果。同时，文化也是一定制度形态的产物，制度也是文化的土壤和温床。由于制度的社会性质、发展水平、创新能力不同，制度培育和塑造文化的能力也大不相同。新中国成立后，我国建立了社会主义基本制度，为建设社会主义文化奠定了制度基础。改革开放以来，在社会主义基本制度基础上发展出具有鲜明特色、体现时代特征、展现独特优势的中国特色社会主义制度，是建设中国特色社会主义文化的制度支撑。新时代以来，完善和发展中国特色社会主义制度，全面推进中国式现代化，社会主义现代化文化与中华文化更加紧密地融合在一起。党的二十届三中全会指明了紧紧围绕中国式现代化进一步全面深化改革的方向，继续完善和发展中国特色社会主义制度，中国式现代化的文化形态就有了坚实的制度保障。

进一步全面深化改革，也为实现新时代新征程党的中心任务凝聚人心、汇聚力量。在新时代新征程党的中心任务中，全面建设社会主义现代化国家和全面推进中华民族伟大复兴融为一体，基本途径和奋斗目标相辅相成。党的二十届三中全会是为实现这个中心任务筑牢制度和治理基石，继续完善和发展中国特色社会主义制度、推进国家治理体系和治理能力现代化。实现新时代新征程党的中心任务，必须依靠人民、团结人民、动员人民，汇聚起实现第二个百年奋斗目标的磅礴力量。制度的基础在人民，治理的主体是人民，没有人民的支持和配合，制度很难发

经典文献

当前和今后一个时期是以中国式现代化全面推进强国建设、民族复兴伟业的关键时期。中国式现代化是在改革开放中不断推进的，也必将在改革开放中开辟广阔前景。面对纷繁复杂的国际国内形势，面对新一轮科技革命和产业变革，面对人民群众新期待，必须继续把改革推向前进。这是坚持和完善中国特色社会主义制度、推进国家治理体系和治理能力现代化的必然要求，是贯彻新发展理念、更好适应我国社会主要矛盾变化的必然要求，是坚持以人民为中心、让现代化建设成果更多更公平惠及全体人民的必然要求，是应对重大风险挑战、推动党和国家事业行稳致远的必然要求，是推动构建人类命运共同体、在百年变局加速演进中赢得战略主动的必然要求，是深入推进新时代党的建设新的伟大工程、建设更加坚强有力的马克思主义政党的必然要求。改革开放只有进行时，没有完成时。全党必须自觉把改革摆在更加突出位置，紧紧围绕推进中国式现代化进一步全面深化改革。

——节选自《中共中央关于进一步全面深化改革、推进中国式现代化的决定》

挥作用，治理也难以推行。制度是否科学合理，治理是否合乎人心，直接关系人民群众主动精神和创造精神的发挥。进一步全面深化改革，聚焦经济、政治、文化、社会、生态文明、国家安全、党建等领域的体制机制改革和治理效能发挥，其深层效应正是以完善制度赢得人心，以有效治理组织群众，构筑起新征程上的“铜墙铁壁”。

（二）完善和发展中国特色社会主义制度、推进国家治理体系和治理能力现代化，建设中国特色社会主义的制度文化和治理文化，迫切需要进一步全面深化改革

生产力是文化之本，制度是文化之基，治理是文化之要。物质资料的生产和再生产是人类社会一切活动的基础，也是人类社会所有文化的基础。物质生产创造了物质文化，本身就是文化的生产、生产的文化，有了不断增长的物质财富，人类才有条件和可能创造出政治文化、精神文化、社会文化等恢宏文化景观。离开了生产力的发展，任何文化都只能是海市蜃楼。文化是人类社会独有的现象，是人走出动物界的关键一步。文化的重要成果，就是人类建立制度、组成社会，形成了交往规则。无论是原始部落的产品分配制度和权力传承制度，还是现代社会的市场制度和选举制度，都保证了人类社会的组织化、秩序化、协同化。可以说，人类文化凝结为制度，制度又成为文化传承发展的基石。人类没有生产，文化将无以为继；人类没有制度，文化也将无以为基。制度是静态的治理，治理是动态的制度。人类社会有了制度，还要依靠各类社会机构、各级公职人员贯彻落实制度、推动制度生效，这就是治理的功能。治理是文化的标志，文化包含治理文化，法治是治理文化的集中体现。一个社会治理水平高，文化水平也较高，或者说文化水平很大程度上体现在治理水平上。

完善制度、推进治理，是在全面深化改革中逐步实现的。党的十八届三中全会确定了全面深化改革的总目标，党的二十届三中全会确定了继续完善和发展中国特色社会主义制度、推进国家治理体系和治理能力现代化的进一步全面深化改革的总目标。这两个总目标，一脉相承又逐步深化，都表明了改革的总目标是什么，也表明了完善制度、推进治理是一场深刻变革，不是自然而然、顺顺当当就能成功的，必须打一场改革攻坚战、纵深战、持久战。制度内含着一定的分配规则和利益格局，改变调整这种规则和格局，不会是皆大欢喜、没有矛盾的，也不能在零敲碎打、各行其是中完成，必须形成坚定意志、更大共识，进行有组织的改革，攻克难关、化解矛盾、取得突破。治理是要医难治之症、理复杂关系，是要疏通梗堵、理顺乱麻，必须奔着问题去，不能绕着问题走。改革是治理的“推进器”，改革保障和助力治理，破除妨碍治理的体制机制障碍。

中国特色社会主义的制度文化和治理文化，是在固根基、扬优势、补短板、强弱项的改革中建成的。中国特色社会主义创造的人类文明新形态，包括中国特色社会主义制度文化和治理文化。中国特色社会主义的制度优势和治理优势，反映了制度文化和治理文化的鲜明特色，包括人民当家作主、全过程人民民主的新型制度文化，法治与德治相结合的治理文化等特色。在坚定制度自信的同时，我们也承认在制度建设和治理实践中还存在这样那样的短板弱项，比如政府和市场的关系尚未完全理顺，还存在官僚主义和形式主义问题等。进一步全面深化改革，既要巩固我国的制度和治理优势，又要解决制度和治理实践中的短板弱项，破除妨碍发挥制度和治理优势的体制机制障碍，从根子上解决滋生官僚主义、形式主义的土壤条件。

（三）更好适应我国社会主要矛盾变化，建设高质量发展的文化形态，迫切需要进一步全面深化改革

新时代我国社会主要矛盾是人民日益增长的美好生活需要和不平衡不充分的发展之间的矛盾。发展不平衡，主要表现在地区之间、城乡之间、行业之间、社会群体之间的发展不平衡等；发展不充分，主要表现在社会资源供给还不能充分满足社会需要，社会生产质量还不能达到人民增长着的新的需要，社会公共服务还不能达到均等化程度等。发展不平衡不充分，基础性的是生产力的发展不平衡不充分，是物质文明的发展不平衡不充分，同时体现在其他文明领域发展的不平衡不充分。就拿社会文明建设来说，在基本公共服务制度体系的完善程度、普惠性基础性兜底性民生建设的普及程度、残疾人社会保障制度和关爱服务体系的健全程度、公共卫生体系的成熟程度等方面，城乡之间、地区之间都存在着发展不平衡不充分的现象。

党的 100 多年奋斗历程，就是为中国式现代化创造根本社会条件和奠定制度基础，领导和推进中国式现代化的历史进程，这就使得中国式现代化呈现出阶段性，是一个台阶式发展的过程，每一个发展阶段都有其时代要求和独特内涵。进入新时代，随着社会主要矛盾变化，随着从全面建成小康社会向全面建设社会主义现代化国家的转变，我国发展进入从高速增长向高质量发展转变的新发展阶段。高质量发展是新时代的首要任务，就是要解决从“有没有”到“好不好”的问题，满足人民在经济、政治、文化、社会、生态等方面日益增长的美好生活需要。高质量发展建立在新质生产力基础上，新质生产力及与之更好相适应的生产关系是高质量发展的必要条件。高质量发展意味着中国式现代化各个领域的整体提升，推动着中国式现代化创造的文化新形态进入新的阶段、

达到新的高度。

党的二十届三中全会围绕中国式现代化主题，系统部署进一步全面深化改革，是推动高质量发展、更好适应我国社会主要矛盾变化的迫切需要。更好适应社会主要矛盾变化，解决发展不平衡不充分问题，要求进一步解放和发展社会生产力、激发和增强社会活力，这就要破除阻碍发展社会生产力、释放社会活力的体制机制障碍，促使生产关系和生产力、上层建筑和经济基础、国家治理和社会发展更好相适应。以进一步全面深化改革更好适应我国社会主要矛盾变化，实质上也是推动建设更高水平的文化形态。文化发展于各个领域，文化就是在消除各种障碍中发展前进的。哪里出现了不平衡不充分的发展，哪里的文化发展就会呈现不健全、非常态的状况。在建设新型文化形态的意义上，从不平衡不充分发展到较为平衡、较为充分发展，表现为文化新形态的普及程度加大、文化水准提高。

（四）推动党和国家事业行稳致远，建设高水平安全的文化基石，迫切需要进一步全面深化改革

《决定》指出："国家安全是中国式现代化行稳致远的重要基础。"国家安全是民族生存发展、兴旺发达的基石，国安才能国强。没有稳固的国家安全，就没有持久的民族发展。一个国家在追求现代化的进程中，社会发展的速度加快，社会联系的程度加深，社会矛盾的迸发加剧，极易酝酿形成"风险社会"，危及国家安全。维护国家安全的任务不是变轻了，而是更重了。新时代实现全面建成小康社会、全面建成社会主义现代化强国的历史任务，习近平总书记明确提出坚持总体国家安全观，把维护国家安全放到了十分重要的位置，揭示了国家安全与中国式现代化的紧密联系。新征程上，新的战略机遇和风险挑战并存，不确定难预料

因素增多，“黑天鹅”“灰犀牛”事件随时可能发生，必须全面贯彻总体国家安全观，推进国家安全体系和能力现代化，为中国式现代化提供坚强安全保障。

文化是在多种社会状态下发展起来的，诸如战争与和平、动乱与稳定、冲突与和谐、前进与倒退、发展与衰退。总的来说，在社会矛盾相对稳定的前提下，一个有利于生产建设、发展进步、繁荣昌盛的社会环境，更能促进文化的发展和延续。可以说，安全是文化的基本保障，国家安全有利于文化发展。党的二十届三中全会统筹发展和安全，要求实现高质量发展和高水平安全良性互动，表明了发展和安全的互动关系。发展是安全的经济社会基础，没有发展的安全是难以持续的发展；安全是发展的社会环境保证，没有安全的发展是缺乏稳定性确定性的发展。新时代的发展是高质量的发展，由此决定了新时代的安全也是高水平的安全，是以新安全格局保障新发展格局的高水平安全格局。发展中国式现代化的文化形态，高质量发展和高水平安全的相互支持是一个基本条件，是发展和安全共同支撑起的文化形态。

进一步全面深化改革，包含推进国家安全体系和能力现代化。党的二十届三中全会从健全国家安全体系、完善公共安全治理机制、健全社会治理体系、完善涉外国家安全机制等方面，谋划了新征程上为中国式现代化提供安全保障的制度建设框架。安全是防范和化解风险的结果。前进道路上风险挑战不可避免，要未雨绸缪，用完善的制度防范化解风险、有效应对挑战。安全风险来自各个层面、各个方面，防范化解风险的制度建设既要系统布局，又要把握重点，抓住那些性质重大、高发频发的潜在风险，完善维护国家安全的体制机制。防范化解风险既要治“已病”，也要治“未病”，完善风险监测预警机制，把许多安全风险消除在萌芽状态，比如健全社会心理服务体系和危机干预机制等。

三、进一步全面深化改革将发展中国式现代化的文化形态推进到新的阶段

进一步全面深化改革，是伟大社会革命在新征程上新的实践，影响广泛而深远。这不仅将中国式现代化推进到一个新的阶段，而且将中国式现代化的文化形态提高到一个新的水平。《决定》在全面深化改革的基础上，紧紧围绕推进中国式现代化主题进一步全面深化改革，是对中国式现代化的文化形态更加自觉的系统设计和实践谋划。

（一）新时代全面深化改革，成功推进和拓展中国式现代化，不断丰富和发展人类文明新形态

系统整体设计推进改革，构建出发展中国式现代化文化形态的基本框架。《决定》指出："党的十一届三中全会是划时代的，开启了改革开放和社会主义现代化建设新时期。党的十八届三中全会也是划时代的，开启了新时代全面深化改革、系统整体设计推进改革新征程，开创了我国改革开放全新局面。"系统整体设计推进改革的体现，一是改革的领域全面覆盖，不仅涵盖经济、政治、文化、社会、生态文明领域，而且涵盖国家安全、国防和军队建设、党的建设等领域，呈现出改革的全面性、系统性、整体性。二是改革的深度触及固化利益，能改的、好改的都改得差不多了，难改的、不好改的仍是改革进程的"拦路虎"，全面深化改革要在许多问题上动真格，破除利益固化藩篱，即使有阻力也要改。三是改革总目标的明确提出，这是加强改革顶层设计的集中体现。新时代以来党带领人民不断丰富发展人类文明新形态，是与全面深化改革同步的，党的十八届三中全会起着基础性的建构作用。全面深化改革的各个

领域同时是中国式现代化的文化形态的发展领域，全面深化改革为发展中国式现代化的文化形态扫除障碍、夯实根基。

全面深化改革展现历史主动，形成了发展中国式现代化的文化形态的创造精神。历史进步是历史主体在遵循历史规律基础上，发扬历史创造精神，从而掌握历史主动的结果。中国特色社会主义新时代不是自然而然到来的，而是在坚持守正创新中开创出来的。党的十八届三中全会之所以是划时代的，正是在于全面深化改革以其历史主动性彰显了新时代的新气象。全面深化改革，没有停留在以往改革成就上，而是清醒地

经典文献

坚持开拓创新。创新是一个国家、一个民族发展进步的不竭动力。越是伟大的事业，越充满艰难险阻，越需要艰苦奋斗，越需要开拓创新。党领导人民披荆斩棘、上下求索、奋力开拓、锐意进取，不断推进理论创新、实践创新、制度创新、文化创新以及其他各方面创新，敢为天下先，走出了前人没有走出的路，任何艰难险阻都没能阻挡住党和人民前进的步伐。只要我们顺应时代潮流，回应人民要求，勇于推进改革，准确识变、科学应变、主动求变，永不僵化、永不停滞，就一定能够创造出更多令人刮目相看的人间奇迹。

——节选自《中共中央关于党的百年奋斗重大成就和历史经验的决议》

认识到改革只有进行时、没有完成时，仍然在路上。全面深化改革，没有绕开难涉的“深水区”，没有避开难啃的“硬骨头”，而是“明知山有虎，偏向虎山行”，敢于打响改革的攻坚硬仗。全面深化改革的历史主动精神，同样也是发展中国式现代化文化形态的历史创造精神，推动着各个领域的文明建设和进步。文化的发展，无论是渐进性的，还是突破性的，都内含着历史主体对社会理想的追求，都是对文化的开创和构建。

全面深化改革突破利益固化藩篱，彰显了中国式现代化的文化境界。促进社会公平正义，是人类文化发展的必然趋势，是人民主体地位提升的内在要求。能否解决好利益关系、利益格局、利益分配问题，是社会能否保证公平正义的重要内容和标志。文明意味着社会成员的利益差距符合生产力发展的水平和状况，控制在合理范围内，并且趋向于缩小分配差距，消解利益差距固定化、恒久化。全面深化改革，以促进社会公平正义、增进人民福祉为出发点和落脚点，必然要求满足人民追求社会公平正义的呼声和愿望，让社会财富、社会资源、社会权利、社会机会更公平更合理地在社会成员中分配，维护好最广大人民群众的利益。中国式现代化是全体人民共同富裕的现代化，这是社会主义文明的本质特征，是社会公平正义最重要的体现，反映了人民的共同愿望。共同富裕的物质文明及分配文化，表明了中国特色社会主义制度从来不代表任何利益集团、任何权势团体、任何特权阶层的利益，这也是中国式现代化的文化高度。

全面深化改革实现各方面制度更加成熟更加定型取得明显成效的目标，增强了发展中国式现代化文化形态的坚定信心。党的十一届三中全会的划时代性，包括构建中国特色社会主义制度的开创性。1992 年，邓小平在南方谈话中指出：“恐怕再有三十年的时间，我们才会在各方面形成一整套更加成熟、更加定型的制度。在这个制度下的方针、政策，也将更加定型化。”在改革开放以来制度改革和建设取得重大成就的基础上，党的十八届三中全会开创全面深化改革新局面，确立完善和发展中国特色社会主义制度、推进国家治理体系和治理能力现代化的总目标，突出制度建设，对经济体制、政治体制、文化体制、社会体制、生态文明体制、国防和军队改革和党的建设制度改革作出部署。全面深化改革坚决破除各方面体制机制弊端，各领域基础性制度框架基本建立，中国特色社会主义制度更加成熟更加定型。全面深化改革的重大成就，既是对全面深化改革正确性的有力实践证明，又是对进一步全面深化改革的重大信心支持。以进一步全面深化改革为牵引，继续发展中国式现代化的文化形态，必将达到新高度、进入新境界。

（二）进一步全面深化改革的指导思想，明确了发展中国式现代化文化形态的价值体系

指导思想是统揽全局的方针原则，也是实践取向的价值准则。《决定》明确指出了进一步全面深化改革的指导思想，既是改革全局的总体指导，也表明了按照什么样的价值准则推进中国式现代化、丰富和发展人类文明新形态。

坚持科学理论指导，确立了发展中国式现代化文化形态的行动指南。中国的改革是马克思主义政党的自觉行动，始终在科学理论指导下进行。进一步全面深化改革，必须坚持党的基本理论指导，全面贯彻习近平新时代中国特色社会主义思想，深入学习贯彻习近平总书记关于全面深化改革的一系列新思想、新观点、新论断，这是改革保持正确方向、不偏航不触礁的思想理论保证。发展中国式现代化的文化形态，同样要坚持科学理论指导，这样才能保证建设社会主义现代化文化，展现人类文明新形态的先进性，决不成为资本主义现代化文化的追随和附庸。

坚持进一步解放和发展社会生产力、激发和增强社会活力，确立了发展中国式现代化文化形态的价值目标。现代化意味着生产力快速发展，社会活力充分迸发。进一步全面深化改革就是要为社会生产力的快速发展创造制度条件，为社会活力的极大释放营造良好氛围，造就既充满活力又井然有序的社会环境。文化是一种社会环境，文化的发展进步正是要顺应社会生产力的发展要求，有利于社会活力的激发增强，文化的取向要与生产力的发展趋势和社会活力的生长需要相一致。《决定》明确要求坚持解放思想、实事求是、与时俱进、求真务实，进一步解放和发展社会生产力、激发和增强社会活力。这是进一步全面深化改革、推进中国式现代化的基本追求，也是发展中国式现代化文化形态的价值目标。中国式现代化的文化形态，都是与生产力的发展要求、社会活力的增强需要相匹配的文化形态。

坚持以促进社会公平正义、增进人民福祉为出发点和落脚点，确立了发展中国式现代化文化形态的价值准则。社会主义以维护社会公平正义为价值理想，旨在消除社会不公正的制度根源。人民是历史的创造者和主体力量，维护社会公平正义说到底就是要维护人民的根本利益。社会主义是维护社会公正和维护人民利益的统一体。《决定》强调以促进社会公平正义、增进人民福祉为出发点和落脚点，把社会公正和人民福祉合为一体，确立了进一步全面深化改革、推进中国式现代化的基本价值准则。这表明只有维护社会公正，才能增进人民福祉；只有增进人民福祉，才是维护社会公正。中国式现代化的文化形态，内在于中国特色社会主义之中，其价值准则也必然是将社会公正和人民福祉统一起来的价值准则。

坚持推动“三个更好相适应”，确立了发展中国式现代化文化形态的评价标准。改革说到底是社会基本矛盾运动规律的反映，改革的成败得失也要从是否顺应社会基本矛盾运动趋势来检验和评价。《决定》提出进一步全面深化改革要推动生产关系和生产力、上层建筑和经济基础、国家治理和社会发展更好相适应，表明了改革的基本依据和指向。改革改什么、不改什么，怎么改、改成什么，都要从“三个更好相适应”出发，以此为评价标准。发展中国式现代化的文化形态，本质上也是要形成与生产力更好相适应的生产关系，与经济基础更好相适应的上层建筑，与社会发展更好相适应的国家治理，构建中国特色社会主义制度文化和治理文化。

（三）以进一步全面深化改革总目标为统领的“七个聚焦”，明确了发展中国式现代化文化形态的主要领域

党的二十届三中全会明确提出进一步全面深化改革的总目标。在这个总目标之下，《决定》明确提出“七个聚焦”，既是进一步全面深化改革的纲领，也是发展中国式现代化文化形态的重点领域。

聚焦构建高水平社会主义市场经济体制，发展社会主义物质文明。高水平社会主义市场经济体制建立在新质生产力基础上，同时是促进发展新质生产力的经济体制。新质生产力是新征程上推进中国式现代化的生产力基础，是发展社会主义物质文明的先进生产力。《决定》提出，构建高水平社会主义市场经济体制，要求“推进高水平科技自立自强，推进高水平对外开放，建成现代化经济体系，加快构建新发展格局，推动高质量发展”。这些都是为新征程上发展社会主义物质文明夯实基础。

聚焦发展全过程人民民主，发展社会主义政治文化。全过程人民民主是新时代中国特色社会主义政治建设的鲜明特征，是建设社会主义民主的创新实践。全过程人民民主推动人民当家作主制度更加健全，创造了人类社会的新型政治文化。法治是现代化国家的基本标志，全面依法

治国是新时代中国特色社会主义法治建设的重大成果。全面依法治国，建设社会主义法治国家，推动中国特色社会主义法治体系更加完善，塑造了中国式现代化的法治文化。

聚焦建设社会主义文化强国，发展社会主义精神文明。2024 年 10 月，中共中央政治局就建设文化强国进行第十七次集体学习，习近平总书记在主持学习时发表重要讲话，这是对建设社会主义文化强国战略部署的进一步阐发。讲话强调“要锚定 2035 年建成文化强国的战略目标，坚持马克思主义这一根本指导思想，植根博大精深的中华文明，顺应信息技术发展潮流，不断发展具有强大思想引领力、精神凝聚力、价值感召力、国际影响力的新时代中国特色社会主义文化，不断增强人民精神力量，筑牢强国建设、民族复兴的文化根基。”发展新时代中国特色社会主义文化，就是发展新时代中国特色社会主义精神文明。

聚焦提高人民生活品质，发展社会主义社会文明。满足人民日益增长的美好生活需要，要聚焦到、体现到提高人民生活品质上。人民生活品质的提高，要求以民生的改善为前提，以社会建设的发展为基础，以社会文明的进步为条件。在发展中保障和改善民生是中国式现代化的重大任务，也是社会文明的基本要求。只有解决好人民最关心最直接最现实的利益问题，不断满足人民对美好生活的向往，才能推动人的全面发展、全体人民共同富裕取得更为明显的实质性进展。

聚焦建设美丽中国，发展社会主义生态文明。在改革开放的进程中，出现了各类环境污染、生态破坏呈高发态势的问题。生态文明建设是关乎中华民族永续发展的根本大计，与其他领域文明发展相辅相成。推进绿色发展、循环发展、低碳发展，走生产发展、生活富裕、生态良好的文明发展道路，是建设生态文明的基本要求。生态文明既是中国式现代化文化形态的底座，又依赖于整个社会的文化发展。比如，没有每个社

◆ 清代画家姚文瀚创作的《岁朝欢庆图》，描绘了春节阖家欢庆团圆的场面

百节年为首，四季春为先。春节是数千年来中华民族的传统大节，是饱含团聚、团圆与希冀的盛大节日，是传统信仰、民俗礼仪的“集大成者”，是海内外中华儿女年复一年心之所向的期盼与向往，最鲜明地体现了中华民族独特的文化基因。2024年12月，“春节——中国人庆祝传统新年的社会实践”被列入联合国教科文组织人类非物质文化遗产代表作名录。春节，承载着中华民族的古老传统，传递着现代中国的开放、进步，既是“中国时间”，也是“世界时刻”。春节申遗成功，充分展现了中华文化的传播力影响力，将有力促进世界不同文明的交流互鉴，让世界更好感知中华文化、共享东方魅力。

会成员高度的生态环境保护意识和自觉行为，就很难建成生态文明。

聚焦建设更高水平平安中国，构建保障文化发展的新安全格局。国家安全是中国式现代化行稳致远的重要基础，也是建设社会主义现代化文化的重要基础。在国家安全的环境中，更有利于现代化建设和文化发展进步。因此，必须实现高质量发展和高水平安全良性互动。一方面推进高质量发展，为发展中国式现代化的文化形态筑牢发展基础；另一方面建强高水平安全，有效构建新安全格局，切实保障国家长治久安，提供发展中国式现代化文化形态的安全保障。可以说，文明包含安全环境，安全环境本身就是文明。

聚焦提高党的领导水平和长期执政能力，发展马克思主义执政党的政党文化。政党是现代社会的产物，执政党对于国家兴衰有着重要影响。中国共产党的领导是进一步全面深化改革、推进中国式现代化的根本保证，也是发展中国式现代化文化形态的主导力量。党的先进性和战斗力、党的领导能力和水平，直接关系到中国式现代化的进程。《决定》提出，保持以党的自我革命引领社会革命的高度自觉，坚持用改革精神和严的标准管党治党。这是以建设马克思主义政党文化引领人类文明新形态的战略之举。

（四）进一步全面深化改革的重大原则，明确了发展中国式现代化文化形态的基本遵循

习近平总书记在党的二十届三中全会上指出：“《决定》提出进一步全面深化改革需要遵循的‘六个坚持’原则，是对改革开放以来特别是新时代全面深化改革宝贵经验的科学总结，是我们党不断深化对改革的规律性认识的重大成果，对于增强进一步全面深化改革的科学性、预见性、主动性、创造性，推动改革行稳致远，具有重大指导意义。”“六

个坚持”重大原则对于发展中国式现代化的文化形态，同样具有重大指导意义。

坚持党的全面领导，保证发展中国式现代化文化形态的正确政治方向。不同社会形态、不同社会制度塑造不同性质的文化。党是先锋队，党的性质决定了党领导的文化建设的性质，党的先进性保证了中国式现代化文化形态的先进性。党的领导正确把握文化发展的正确方向，及时纠正可能出现的各种偏差。党的二十届三中全会突出强调党的领导的根本保证作用，由此保证了发展中国式现代化文化形态始终沿着正确政治方向前进。

坚持以人民为中心，确立发展中国式现代化文化形态的人民主体地位。人民是社会主义现代化文化的创造者，也是文化成果的享用者，共建共享中国式现代化的文化成果。坚持以人民为中心，贯穿发展中国式现代化文化形态的各个方面、整个过程。进一步全面深化改革，要求尊重人民主体地位和首创精神，这就是确立了人民在创造人类文明新形态中的主体地位，彰显了人民创造新型文化的首创精神。社会主义现代化文化离不开人的文明，全体人民文明素养的整体提升，是发展中国式现代化文化形态的目标和条件。

坚持守正创新，明晰了发展中国式现代化文化形态如何对待传统与现代的关系。习近平总书记指出：“守正创新是进一步全面深化改革必须牢牢把握、始终坚守的重大原则。”坚持守正创新，既要守正又要创新，在守正中创新，在创新中守正。发展中国式现代化的文化形态，必须处理好 5000 多年中华文明和现代化的关系，处理好中华优秀传统文化和新时代中国特色社会主义文化的关系，也就是传统与现代的关系。守正就是要守住中华文明、中华优秀传统文化的根脉，创新就是让中国式现代化赋予中华文明以现代力量，实现中华优秀传统文化的创造性转化、创新性发展，努力创造属于我们这个时代的新文化，不断发展新时代中国特色社会主义文化。

坚持以制度建设为主线，凸显发展中国式现代化文化形态的基础建设。人类文化的传承，既是依靠文化的传承，也是依靠制度的传承。制度承载着文化，在制度的延续中传承文化。坚持以制度建设为主线，就是要把制度建设和文化建设有机结合起来，以制度建设为文化建设奠基，以文化建设为制度建设塑魂。在进一步全面深化改革中，各领域体制机制进一步完善，筑牢根本制度，完善基本制度，创新重要制度，也是推进中国式现代化的文化基础建设。

坚持全面依法治国，建设发展中国式现代化文化形态的法治文化。法治是人类文明进步的重要成果，也是人类文化发展的重要保障。从人治到法治、从法制到法治、从依法治国到全面依法治国，都是文明的进步。法治文化是现代文化的重要方面，进一步全面深化改革必须坚持全面依法治国，如同习近平总书记指出的："要善于运用法治思维和法治方式破解改革难题，巩固改革成果，做到改革和法治相统一，重大改革于法有据、及时把改革成果上升为法律制度。"

坚持系统观念，构建发展中国式现代化文化形态的文化系统。文化是系统，体现在文化的各个领域，并且相互影响、相互支持。坚持系统观念，要统筹兼顾、辩证施策，增强改革系统性、整体性、协同性。比如，要处理好效率和公平的关系，效率和公平既是现代化社会生产和分配、发展和稳定、活力和秩序的两个重要支点，不能偏废一方，也是现代化文化的两个维度，既要解放和发展社会生产力，又要让社会成员共享现代化成果。效率和公平相得益彰，正是中国式现代化文化形态的题中应有之义。

在进一步全面深化改革中发展中国式现代化的文化形态，关键在于实现二者之间的相互促进。新征程上，进一步全面深化改革为发展中国式现代化的文化形态提供强大动力和制度保障，改革破除文化发展的体制机制障碍并赋能文化发展，夯实中国式现代化文化形态的基础。发展中国式现代化的文化形态促进进一步全面深化改革，形成了改革的目标导向和问题导向，建立了改革更为完善的标准和更为深刻的内涵，注入了改革新的精神和品格。要在进一步全面深化改革中统筹推进新时代物质文明、政治文明、精神文明、社会文明、生态文明建设，推动经济、政治、文化、社会、生态文明建设领域的改革与“五个文明”的建设融为一体，推动“五个文明”在中国式现代化文化形态中贯通整合。发展中国式现代化的文化形态要有全球视野，以中国式现代化促进发展中国家现代化，促进人类文明发展进步。习近平主席在二十国集团领导人第十九次峰会上发表的《建设一个共同发展的公正世界》讲话中指出：“中国不追求一枝独秀，更希望百花齐放，同广大发展中国家携手实现现代化。”这充分显示了进一步全面深化改革、推进中国式现代化的天下胸怀。

第一章

满天星斗辉华屋

——如何认识从中华文明到人类文明新形态？

一般来说，文化侧重于“化”之过程，而文明侧重进步之状态表征。判断一个文化共同体是否进入一种新的文明状态，自然要在世界主要文明体的对比视域下，考察它在经济、政治、文化、社会和生态文明诸方面的成就是否实现质的跃迁。在中国历史上，华夏各民族文化内部的系统融合以及与外来文化的有机结合，促使5000多年中华文明不断进步。“第二个结合”，正是在深刻把握这一规律的基础上，将中华文明推向一个新高度。

一、中国式现代化的文化形态是中华文明发展新阶段

很显然，从清末以来，我们基本上处于一种向他者文明特别是西方文明学习的过程。直到现在，在尖端科学技术上仍然很多方面离不开欧美发达国家的经验。这一过程，通过主动选择社会发展道路和制度、在引进中加速发展科学技术，经过中国人自己的创制和变革，大大加速了中华民族转向“世界历史”的进程。概括中国革命和建设取得的伟大成就，从“站起来”到“富起来”，我们认为是“自从中国人学会了马克思列宁主义以后，中国人在精神上就由被动转入主动”。经抗美援朝一战，中国在政治、军事上“入局”世界民族之林；再历经40多年改革开放，融入全球经济循环，我们称之为“入世”或“与世界接轨”。把经济社会发展的阶段性目标，定位于赶超中等或达到发达国家水平，均即横向观照：无论是以苏俄为样板，还是以欧美为参照，皆突出了发展中的文明共同性。不过，在向其他民族和国家的学习中，我们也逐渐根

据自身的国情和实际，强调“中国化”“民族化”，走出“独立自主”条件下中国革命和建设道路的独特性，使基于实践和历史“特色”积淀的经验和成果富有中华文明的因子、元素、结晶。列宁说过：“只有那些已经深入文化、深入日常生活和成为习惯的东西，才能算作已达到的成就。”从中国共产党带领中国人民的道路（历程）来看，可称之为“中国式现代化的文化形态”的建设（与中国现代史吻合）；从总结百年历史、概括“五位一体”文明协调的正确发展道路即中国式现代化新道路（成果）来看，谓之创造了“人类文明新形态”。这就既强调了中华文明转至现代以后融入“世界历史”的普适性，更突出了中国式现代化的文化形态的独特性。

问题在于，以欧美为主体的“西方文明”从根本上不认同他们长期贬斥、矮化的东方社会能创造出另外一条不同的现代化道路。美西方惯于把自身的一切包装成普世文明和价值，其骨子里渗透着欧美中心主义的狂傲自大，容不进其他民族和国家与之平起平坐。他们将科学技术和资本不当结合起来，广泛应用于对其他生产力落后的国家和民族的压榨中，武装强大的军事力量，疯狂对世界各地进行侵略战争、殖民统治。他们不可能去反思其自身历史所显露出的非正义性、非道德性、非合法性一面，而是通过种种手段美化其文明的先进性、优越性，确确实实又是在“上帝”的旗帜下做着各种不为人齿的勾当。谁要是真正与之讲平等，他们就认为你是在破坏规则、危害安全。在“原罪”意识的面罩下，他们缺乏一种对世界各地造成种种痛苦现实的深入反思；绅士的外衣下，恰恰掩盖着殖民、掠夺、血腥的内里本质，其繁荣和“发达”与世界其他地区的落后、停滞形成鲜明比照。“一些国家通过战争、殖民、掠夺等方式实现现代化的老路”实即典型的西方国家所走的一条“损人利己、充满血腥罪恶的老路”。中国的发展用事实严厉批判了西方文明形成的黑暗与悲催，从道义制高点上将之拉下神坛，在此基础上揭露欧美文明（尤以美为首）恃强凌弱、巧取豪夺、零和博弈等霸权霸道霸凌行径造成和平赤字、发展赤字、安全赤字、治理赤字加重等严重后果，实际上预告了这些文明面向未来时的非合理性、非持续性。

不仅西方世界中的有识之士很早就意识到这一点，非西方世界的民族及国家 20 世纪以后纷纷走上了探索本国发展的路径。在马克思主义指引下，俄国、中国等相对落后的一些国家经过革命和改造，选择并实现了社会主义道路及制度。从实践和理论看，苏联等国家前半段发展迅速，后期却陷入僵化并改弦易辙，只有中国历经坎坷挫折，稳步推进了新民主主义革命和社会主义革命、建设，通过改革开放以及新时代努力，取得了举世瞩目的成就。从各个角度去总结 100 多年来中国历史和社会的巨大进步，是否可以讲，自“文明”的标准和进化而言，更能深度说明这一历程呢？文明，作为历史积累的正向成果，需要一定的时间来展开、完善，且能更易简洁、浓缩地表达来自全面的、协调的发展结晶：既有物质的，更有精神的内涵其里；既有道路、理论、制度、文化方面的，亦有政治、经济、外交、军事诸领域的共同进步。我们毫不讳言，中国式现代化的文化形态吸收了西方文明精华，但这种吸收不是“全盘西化”地直接照搬套用。它比西方近代以来产生的那种文明形态更先进——尽管很多地方需要完善，尤其在物质生产力上面临围堵和封锁，不少领域还不是“最先进”，但因有马克思主义与中华优秀传统文化相结合的理念作指导，其发展前景与“夕阳西下”、仍欲靠“实力”作后盾，企图总以经济和军事等方式掠夺全世界的欧美文明不可同日而语。“东升西降”不只是综合国力、世界影响等方面的趋势反映，更是两种意识形态和社会制度的比较。

中国人对西方的现代化道路亦曾产生了种种疑问。由于自身的相对

◆ 古丝绸之路上的骆驼队

◆ “一带一路”的“钢铁驼队”——中欧班列奔驰在兰新铁路上

中国式现代化为人类实现现代化提供了新的选择，中国共产党和中国人民为解决人类面临的共同问题提供更多更好的中国智慧、中国方案、中国力量，为人类和平与发展崇高事业作出新的更大的贡献。共建“一带一路”倡议是中国根据古丝绸之路留下的宝贵启示，着眼于各国人民追求和平与发展的共同梦想，为世界提供的一项充满东方智慧的共同繁荣发展的方案。

落后状况以及“特色”道路仍在形成与完善之中，“融入”“接轨”“追赶”的看法比较盛行。随着这条道路不断取得胜利和成功，尤其是回望百年与内外的各种对比中，自信日益增强，我们对“现代化道路”的认知和把握越来越深刻。我们摒弃了西方以资本为中心的现代化、两极分化的现代化、物质主义膨胀的现代化、对外扩张掠夺的现代化老路，走出的“中国式现代化”新路，创造的“人类文明新形态”，不同于有“累累罪恶”的西方老路。“中国式现代化”中的“现代”二字，是中国历史的坐标。显然，无论起初或之后是否意识到，从中国“现代”的起点上，我们就走在一条与西方既相通又有很大不同的“现代化”道路探索中。

这条新路，从世界范围看，马克思主义一经诞生，就在理论和实践上进行了科学研究及预告。20 世纪初，列宁继承马克思、恩格斯有关东方社会变革的设想，非常灵活地探讨了殖民地半殖民地国家走上非资本主义发展道路的必然性、可能性、现实性，论述了落后国家、民族实现现代化的必要条件、基本路径等问题。世界文明从此出现新的走向，各国现代化之路不再局限于资本主义一条旧路。列宁的有关阐述表明，俄国革命道路与欧洲不同，东方各国革命道路又与俄国不同，各国共产党人需要根据国情探索革命和建设道路。社会主义探索出来的这条道路，苏联半途而废，我们却取得了巨大成就——因为它没有完全沿着美西方现代化“老路”，是一条富有光辉的未来之路。基于马克思主义对人类社会发展规律揭示的自觉遵循，它从根本上扬弃了“从头到脚每个毛孔都滴着血和肮脏的东西”、一来到世间便极其残暴的“资本主义”道路。我们虽然不会以其他方式或主动去“输出”这一模式，但从人类共同的价值观而言，其中的“中国智慧”“中国方案”甚至“中国模式”无疑深具启发意义。

以“红色工业”的起步为例。工业是现代文明的重要标志。中国共产党成立之初，民族工业有了一定发展，工人阶级作为政治力量登上历史舞台，工农联合成为基本依靠力量。革命时期“红色工业”的萌芽、成长，与我们今天能形成齐备完善的“工业体系”有着千丝万缕的联系。以毛泽东同志为主要代表的中国共产党人很早就认识到，“要打倒日本帝国主义，必需有工业；要中国的民族独立有巩固的保障，就必需工业化。我们共产党是要努力于中国的工业化的”。当时的手工业和民族工业，在旧的社会体系下连基本的生存都成问题，遑论壮大；只有“红色”濡染的工业产业（比如延安时期兴办的各种公私营工厂），才是中华民族工业走向现代文明的最好出路。“红色工业”，不仅为新中国成立以后大规模的工业化道路提供了某种经验，而且带有新文明创设的色彩——它是用新思想、新理念武装起来的工业发展模式。该模式内含的性质、演化的方向，既充分吸收了西方积累起来的科学知识精髓，也凝结着独特的探索智慧，本质上是中国共产党人带领民族先进分子独立自主、披荆斩棘的结果。比如，同样是军工企业，美西方用它来大肆扩张侵略或者大发战争横财，而我们党领导创办下的兵工则是为了捍卫国家和民族的正当生存与安全权益，动机和目标不啻天壤。因此，我们仅仅关注“文明之果”是不够的，更要详查其“过程”和“手段”是否“文明”，真正的文明应是手段和目标的高度统一。

我们在经济、政治、社会上的发展如此，文化的发展更是与数千年的中华文明血脉相连。毛泽东所著的《实践论》的副标题“论认识和实践的关系——知和行的关系”，有意识地将马克思主义的一个重大基本问题（涉及革命理论和革命实践）与中国传统哲学讨论的精髓之一联系起来，在开拓创新的同时颇有“接着讲”的意蕴；《新民主主义论》设想的“新民主主义文化”，“质”的定性之一便是“民族的”，旨在造就

"文明先进的中国"。侧重于从思想观念文化概括的"第二个结合",在人类文明新形态的建设中起到引领性的作用。当代中国的复兴,也一定是中华文明的再造和复兴,绝不只是经济社会发展等一些"硬指标"的跃迁,更包含着中国智慧、中国价值、中国方案在内的中华文明软实力的凝聚与辐射。当然,无论是"人类文明新形态"的提炼,还是"中国式现代化的文化形态"的概括,皆汇入具有5000多年中华文明的长河之中——其发展和复兴,远不局限于技术层面的创造潜力,特别是它的制度与价值形态产生的影响则是全球性的,可以说是近代以来占主导的西方资本主义文明模式遭到的最大冲击。

经典文献

通过实践而发现真理,又通过实践而证实真理和发展真理。从感性认识而能动地发展到理性认识,又从理性认识而能动地指导革命实践,改造主观世界和客观世界。实践、认识、再实践、再认识,这种形式,循环往复以至无穷,而实践和认识之每一循环的内容,都比较地进到了高一级的程度。这就是辩证唯物论的全部认识论,这就是辩证唯物论的知行统一观。

——毛泽东:《实践论》

二、“交往交流交融”是中华文明发展规律的重要体现

习近平总书记在文化传承发展座谈会上的讲话中概括了中华文明的五大突出特性，是对中华文明发展规律表现在外的显著特性的揭示。其中，中华文明具有突出的包容性，从根本上决定了中华民族“交往交流交融”的历史取向，决定了中国各宗教信仰多元并存的和谐格局，决定了中华文化对世界文明兼收并蓄的开放胸怀。由“交往交流交融”，既形成了“多元并存的和谐格局”，又形成了统一的、兼容的中华文化，从而引领了中华文明的发展和壮大。20 世纪初，马克思主义作为一种外来的、代表世界文明发展精髓的文化进入中国大地，与中国具体实际相结合，同样推动了中华民族的历史性变革和进步，21 世纪初，中国特色社会主义的成就亦正是这种进步在今天的最鲜活体现。

通常，可以从考古学上发觉这样一种现象：文明之诞生，与原始数百万年进化过程相比较，乃人类文化与社会发展的高级阶段，是一个有着起源、形成及早期发展的长期进程。中国考古学对中华文明起源的论证，逐渐摆脱了那种单一的、集中在黄河流域的“中原模式”，而具有“多元一体”的特质。早期中国文化是多样与多元的，不同文化在互动交流与传播中形成了开放、融合、互鉴的文明特质。更为重要的是，这些很多史前区域文化对其他文明因素的吸收不是简单的、直接的模仿，而是进行了相当大的改造，并有不少创新。我国各区域民族文明在之后的不断创生、演化过程中，始终保持了这一特色。较为典型的，诸如由春秋战国的“百家争鸣”进入秦汉统一的中央王朝，自魏晋南北朝民族的大融合进入唐宋以后传统社会的鼎盛时期。此间有分化、纷争，更多的则是协调、包容、一致。

由内及外，“中华文明是在中国大地上产生的文明，也是同其他文明不断交流互鉴而形成的文明”。我们看到，历史上的中国，特别在其内部和谐发展繁荣之际，对外和平交往也达到了那个时代的顶峰。汉代张骞两度出使西域，既传播了中华文化，也引进了葡萄、苜蓿、石榴、胡麻等物质文化成果。西汉时期，中国船队甚至到达了印度和斯里兰卡，用丝绸和瓷器换取了琉璃、珍珠等物品。内陆和海上两条向外的交往通道，在西汉已经有了雏形。唐宋以后中国的对外交往非常活跃，史载与唐通使友好的国家达 70 多个。这些日益增多的大交流，使中华文化声名远播，也使各国的文化和物产涌入华夏。明末清初，朝野有识之士努力向西方学习科技知识，极大地开阔了中国人的知识和视野，之后，中外文明交流互鉴频繁展开，其中有冲突、矛盾、疑惑、拒绝，但更多是学习、消化、融合、创新。在中国历史上，学界公认，古印度佛教的传入及其与本土儒家文化和道家文化的融合发展，直至形成独具特色的中国佛教文化，是一个思想文化领域“相结合”极为成功的典范。宋明以后，“三足鼎立”且“三教合一”的趋势越发明显。一个最初外来的文化形态，不仅没有革除土生土长的民族文化，最终却促使形成了相互汲取精华并达到“更上层楼”的境界，形成了“你中有我、我中有你”相互交融的局面，为中华文明的进一步展开、中国传统社会更高程度的辉煌推进贡献了丰厚滋养。

19 世纪末 20 世纪初，伴随向西学学习的步伐，在救国救亡、寻求改善近代中国积贫积弱的大潮下，马克思主义从多个渠道传入中华大地，从“批判的武器”到“武器的批判”，变成中国共产党人带领大众勇毅斗争、改造社会的“物质力量”，极大地改变了中国社会的面貌，优化了民族复兴大业，中华文明自此在世界民族之林焕然一新，跃至“中国式现代化的文化形态”阶段。当我们回首这段经历了曲折且取得巨大成功的

◆ 莫高窟第 323 窟张骞出使西域壁画

敦者，大也；煌者，盛也。身居沙漠绿洲、地处丝路咽喉的甘肃省敦煌市，历史上曾是东西方贸易文化交流融汇的必经之地，以得天独厚的文化宝藏，传承千年文脉，记录丝路发展，见证东西方文明的交融，催生了敦煌文明的大交融，造就了兴盛繁荣的“大敦煌”，也为中华文明注入了新的活力。最具代表性的敦煌莫高窟，俗称千佛洞，是世界上现存规模最大、延续时间最长、内容最丰富、保存最完整、艺术最精美的石窟寺遗址，是古丝绸之路多元文化交融和文明互鉴的结晶。

道路时，“坚持把马克思主义基本原理同中国具体实际相结合、同中华优秀传统文化相结合”，是新征程上以史为鉴、开创未来的必由之路。党成立之初，就把马克思主义确定为指导思想。但是，到底是什么样的马克思主义能指导中国革命走向胜利，并不十分清楚。把马克思主义奉为“洋教条”的人，指责以毛泽东为首的正确路线为“山沟里的马克思主义”“狭隘经验论”，称毛泽东指挥军事仅是靠着《三国演义》《水浒传》打仗的。经过无数次挫折、失败等血的教训，依靠党内“整风运动”的效应，逐渐统一到马克思主义中国化的第一个伟大成果——毛泽东思想上。这是新民主主义革命时期以及社会主义革命和建设时期我们党取得的最伟大成果。可见，中国共产党登上历史舞台，为完成民族复兴、实现中国现代化的使命和任务，对于马列主义的原理与方法及对于中国社会历史发展规律的统一把握的“理论准备”，有一个从“不够”到提高、完善的历程。那么，如何使得马克思列宁主义这一科学理论更进一步地与中国革命实践、中国历史、中国文化结合起来？延安时期我们党多次提及建立“中华民族的新文化”，本质上是对五四新文化运动乃至清末以来“中体西用”文化立场的批判性反思，是马列主义文化同中华优秀传统文化结合的成功实践，深刻反映了新民主主义革命时期对中华文明发展规律的认识。

首先，它认为五四新文化运动有其伟大历史功绩，但主要是资产阶级和小资产阶级发起、部分工人参加的运动，大众化程度不够，特别是没有吸收广大的农民参与进来，其“外国气味”实在太重了，这是它不能成为大众化的一个原因。同时，中华民族的新文化也决不像“中学为体，西学为用”的“中国本位文化”论者那样，只吸收外国的自然科学的技术来发展中国的物质文明，它要吸收外国文化中的一切优良成果，而无论其是自然科学的，还是社会科学的、哲学的、文艺的诸方面。显然，这种没有比“器物论”走多远的“体用观”，视野狭窄。若持此说，马克思主义无法作为“指导思想”进入主流意识形态。中国共产党倡导的新文化，则一方面继续从自然科学运动方面推进中华民族新文化运动的工作，另一方面仍“继承了五四运动的科学和民主的精神，并在马克思主义的基础上加以改造”。

其次，它在总结对待传统文化两种极端态度（盲目复古与全盘西化）的基础上强调，只有中国共产党对传统文化采取了正确的态度，其方法是在掌握马列主义基础上，有比较有鉴别地接受民族的传统文化，去粗取精、去伪存真。针对当时文化界的一个主要倾向，毛泽东就指出，许多人“从欧美日本回来，只知生吞活剥地谈外国……这种毛病，也传染给了共产党”，造成了“许多马克思列宁主义的学者也是言必称希腊，对于自己的祖宗，则对不住，忘记了”。他们对于自己民族历史不了解、忽视，存有不少的偏见且缺少理智。用马列主义解释中国历史与现状，主要就是用马克思主义的方法给之以批判的总结。适应于革命斗争形势的需要，基于人民立场，特别从阶级分析角度“颠倒”被“颠倒”的历史，突出劳动群众改造社会的作用，尤其强调近代以来“革命传统”的教育功能。将忠、孝、仁、义等道德转变、改造为服务民族、服务社会、服务大众、为民族社会大众而牺牲的道德，从而使道德观建立在历史唯物论的科学基础上。古代许多文人志士的所谓修养，很多是唯心的、形式的、抽象的、脱离社会实践的东西。他们片面夸大主观的作用，以为只要保持抽象的“善良之心”，就可以改变社会和改变自己。这当然是虚妄的。为此，要改变这种修养的内在指向，应把思想意识修养和理论学习统一起来，用马列主义原则去批判思想意识中的旧东西，肃清剥削阶级在人民中的一切影响和传统习惯，建立新的社会经济制度、共产主义文化和社会道德。政治上获得解放和胜利、取得政权以后，社会经济的改造和思想文化的改造、各种非无产阶级思想意识的清除，是一个长期过程。注重中华民族的传统、中国历史发展的特殊性，用马克思主义实践观、革命观、阶级观、历史观、辩证法等原理、方法，转变传统文化中的心性修养、道德理念、历史评价，提炼出“改造自己”、上升为“共产主义道德”等中国化的马克思主义观念。

最后，在新文化中最有地位、最能得到推崇的主义与学说，自然是富有革命性与科学性的马列主义，然而这种从外国文化中接受过来的文化形态，要把它种在我们土地上，使它适合中国的气候和营养条件，并非易事。正如毛泽东所说，要“和民族的特点相结合，经过一定的民族

经典文献

我们共产党人，多年以来，不但为中国的政治革命和经济革命而奋斗，而且为中国的文化革命而奋斗；一切这些的目的，在于建设一个中华民族的新社会和新国家。在这个新社会和新国家中，不但有新政治、新经济，而且有新文化。这就是说，我们不但要把一个政治上受压迫、经济上受剥削的中国，变为一个政治上自由和经济上繁荣的中国，而且要把一个被旧文化统治因而愚昧落后的中国，变为一个被新文化统治因而文明先进的中国。一句话，我们要建立一个新中国。建立中华民族的新文化，这就是我们在文化领域中的目的。

——毛泽东：《新民主主义论》

形式，才有用处，决不能主观地公式地应用它”。一般来说，新文化的新内容应该有新形式与之相配，但译介过来的先进文化，比如马列主义的宣传，一时难以找到和它适合的新形式，就必须考虑运用和改造民族的旧形式。我们在旧文化中很难找到指导中国现代革命的系统化理论，无疑需要引进新内容，那么是否民族文化的旧形式也一并不能用了？并非如此。许多文化部门采用“新内容旧形式”，对于最广大人民的教育，是具有重大过渡意义的。毛泽东指出：“使马克思主义在中国具体化，使之在其每一表现中带着必须有的中国的特性，即是说，按照中国的特点去应用它，成为全党亟待了解并亟须解决的问题。”这一结论即使放到今天也完全正确。让马克思主义中国化，形成中国作风和中国气派，终于诞生了成熟的“中国化马列主义”第一大成果——毛泽东思想。

与政治解放一般通过暴力手段不同，文化的革新往往是在继承和借鉴中进行创造的，硬搬和模仿从来不会成功。它与制度文明推进不同的是，处于观念形态的思想文化（精神文明）不是简单地依靠输入的外力、行政的权力所能奏效的，而需要在群众中扶助新力量的生长并诱导旧因素的转变，这是一个长期的过程。毛泽东提出的“古今中外法”（以及20世纪50年代提出的“百花齐放、百家争鸣”方针），正确反映了文化繁荣发展的指导方针。作为指导思想、处于观念形态的文化意识形态理念，引领整个文明的发展；我们党自觉认知并运用文化领域发展的独特规律，一定意义上可以说把住了20世纪文明进步跳动的脉搏。

“第二个结合”同样是探索中国特色社会主义道路中得出的规律性认识，这在新时代中国特色社会主义的发展中体现尤为显著。第一，长期以来，由于多方面原因，人们对我国传统文化有许多不同看法，即使今天仍然存在很大分歧，而习近平总书记作为党和国家最高领导人对中华优秀传统文化的带头倡导，从整体上极大地改观了社会上弥漫的对传统文化比较负面的认知和评价，极大地树立并鼓舞了全体中国人民对自己历史文化、文明传统的自信，弥合了分歧、整合了共识。第二，习近平总书记高度评价中华优秀传统文化在世界观、人生观、价值观、审美观以及宇宙观、天下观、社会观、道德观等方面与马克思主义的契合性，为中华优秀传统文化有机融入主流意识形态、与立党立国的指导思想“相结合”铺垫了前提。第三，对中华优秀传统文化的创造性转化、创新性发展，突破体和用、精华和糟粕等二元对立模式，有利于人们从更广阔的视野中激活中华传统文化的生命力，在现代社会发挥更大的作用。第四，中华优秀传统文化为习近平新时代中国特色社会主义思想的不断创新提供了不竭源泉，成为习近平总书记治国理政丰富的思想文化资源；中国特色社会主义道路有了更加宏阔深远的历史纵深，并赋予中国式现代化以深厚底蕴。第五，“结合”的最高境界是造就一个有机统一的新的文化生命体，由之形成的新文化即中国式现代化的文化形态。我们在社会主义文化发展道路、建设文化强国征途上，反复指明坚持马克思主义在意识形态领域指导地位的同时，勠力承担起传承中华优秀传统文化的使命，从而深化了对文化建设的规律性认识，一脉相承的中华文明进而在中国共产党领导下得到自觉传承发展。

三、以建设中国式现代化的文化形态来实现民族复兴

文化的历史性进步、社会文明程度的普遍提升，是实现中华民族伟大复兴的重要标志。文明越向前发展，越依赖于反映了其规律的思想文化及其科学理论的自觉指导。建立在对人类社会演化规律认知基础上、面向最终社会理想目标的马克思主义，与源远流长、充满各种应变智慧的中华优秀传统文化的结合，无疑是中国共产党在指导思想上的明确宣

示和重大突破，是“又一次思想解放”。马克思、恩格斯从理论上科学阐述了社会主义代替资本主义的必然性，列宁根据实践发展进一步论证了帝国主义过渡到社会主义的直接和快捷，成功创建了第一个社会主义的苏联样板。但他们对未来向社会主义的过渡、向更高阶段共产主义的发展只是提出了一些原则性的观点。20 世纪 80 年代以后，中国共产党人的实践走得更远，在保持社会主义先进性的同时，根据生产力和生产关系的状况，充分发挥商品和市场经济的作用，巩固了经济基础，提升了综合国力。我们会发现，越往前行，越没有现成的结论可作具体参照。党的二十大报告之所以提出“开辟马克思主义中国化时代化新境界”，真正持续地坚持做到“两个结合”，正是为了从立党立国、兴党兴国根本指导思想的高度来解决实际问题，不断回答中国之问、世界之问、人民之问、时代之问。

善于把阶段性的近期目标与长远目标、最低纲领与最高纲领统一起来，着眼于当下实际问题的解决，是我们党带领人民群众勇毅前行、开展各项建设和工作的突出特点。与我们党成立之初所处的时代不同，今天的中国面临的是如何在美国等资本主义国家疯狂围堵的国际形势下，保障社会主义的持续发展、国家统一进程不被打断、民族复兴大业稳步推进、人类文明和平发展。习近平总书记在文化传承发展座谈会上提出中华文明突出的连续性、创新性、统一性、包容性、和平性，显然具有极强的现实针对性。这些特性，不只是对中华文明发展规律的高度概括，也是我们今天继续建设中国式现代化的文化形态的基本遵循，为现阶段的“第二个结合”提供了重大研究课题。

首先，在“前提”把握上，要以“文明史”书写“新时代中国历史”，为坚定历史自信，树立正确的历史观、民族观、国家观、文化观打下坚实基础。将地下考古文物与历史文字记载结合起来、客观分析与正确价值导向结合起来，得出的经验教训经得起实践检验和逻辑考察。马克思反对那种不管一个民族所处的历史环境如何，把他“关于西欧资本主义起源的历史概述彻底变成一般发展道路的历史哲学理论”的做法。在这里，厘清客观事实、梳理文本逻辑是第一位的。用马克思主义的立场、观点、方法分析和研究中国历史，并不是将马克思、恩格斯的基本观点到处像“贴标签”一样贴上去就达到了目的。经史渗透、相互疏证，要在充分反映现代学术研究成果的基础上，凸显中国人自己千百年来坚守的价值标准。通过学习文明史，纠正“封建、专制、落后、糟粕、迷信”等近人一些负面评价印象，重树在近代遭受挫折的国民文化自信。对历史文化的自信，本身即是对自身源远流长的文化传统价值的充分肯定，并对其生命力持有坚定信心。否则，失却这一前提，“第二个结合”将无法有效展开。

其次，在“途径”实施上，应围绕“党的自我革命”伟大实践，使“第二个结合”得以充分展现。根据唯物史观社会有机体理论，社会革命区分为阶级与政治革命、技术与经济革命两个层面（改革隐含其中）。现在我们提出要以党的自我革命引领社会革命，并将之看作跳出治乱兴衰历史周期率的第二个答案。因此，“党的自我革命”观点，毋宁是马克思主义基本原理上的重大发展，具有极其重要的意义。它本质上乃毛泽东讲的“改造自己”以及党性修养理论的进一步升华。对个体自我的修身、执政集团的修养（政德），正是中华优秀传统文化最为精髓之处：以修身正己之内圣，做治国平天下之外王事业。修身治己，虽不能等同于“党的自我革命”，但二者能结合起来。关于高级领导干部的修养，习近平总书记近年来引用的许多典故均可以从此角度理解。治国先治党，治党先治吏。儒家说“为政以德”，道家说“以正治国”，皆为此义。在中国古文明中，“道德”二字含义非常广泛，通俗地说，就是按照大道（客观规

传统智慧

1. 为政以德，譬如北辰，居其所而众星共之。——《论语·为政》

【释义】当政者以德行治理国家，就像北极星一样，安居其所，其他的星辰井然有序地环绕着它。

2. 大道之行也，天下为公。——《礼记·礼运》

【释义】在“大道”施行的时候，天下为天下人所共有。

3. 观乎天文，以察时变；观乎人文，以化成天下。——《周易·贲卦·彖传》

【释义】观察自然物象，可以察知时序变化；观察社会典章，可以化育成就天下之人。

律）运行，用之于己身（圣人或执政集团），社会就能上轨道、人民群众即能有序治理。依道而行谓之“义”，是以中华文明古来即为倡导道义性的文明。推之于天下，谓之“大道之行，天下为公”。无论内政还是外交，皆试图奠定在“正道”基础上。虽然历史上各个王朝不免这样那样的弊端丛生，但中华文明可久可大，一脉相延且潮流磅礴、团聚出越来越大的光辉。“道”为路径，无路不通。我们既顾及了自己的利益，也顾及了别人的利益，而且是自己首先做到（自正正人，非自我例外），我们确信建立在这样基础上的价值观必将为大多数人所接受。这一文明的手段与途径，恰与马克思主义自觉坚持历史规律指导、坚守绝大多数民众正义立场不谋而合。坚持规律，坚守道义，亦将无往而不利，无往而不胜。这既是我们做中国人的骨气所在，也是我们做好中国事情、致力于人类和平与发展崇高事业的底气所在。

最后，在“目标”设定上，将人的自由全面发展作为现代化的中心任务，使之在阶段性的进展中得以逐步实现。中国式现代化是基于自己国情的现代化，党的二十大报告揭示的“中国特色”现代化恰以“人”为中心展开，既“见物”更“见人”，毋宁说其核心乃“人的现代化”。马克思主义非常重视自然和社会领域实现“人的解放”，为理想社会设定的唯一目标特征就是，超越一切“物”的束缚和社会制约、“从心所欲不逾矩”的人的自由全面的发展。正是在这一点上，中华优秀传统文化与马克思主义基本原理的结合，可显示巨大的互补效应。无论是儒家文化的修身养性，还是道家文化的全性葆真，抑或佛家文化的明心见性，皆旨在塑造一个由贤而圣而真的人格理想（即使道佛教化也强调“自古仙佛人来做”，把高不可及的境界拉入俗世对人的精气神或心性为核心的自觉意识修养），实现“以文化人”，落实到人身心素质的革新与完善上。这种重个体自修自悟的方式，与重人的社会性的马克思主义科学理论融合起来，使全社会文明程度得以提高，未来的发展前景将不可限量。一个融合后螺旋式发展的民族复兴该是什么样子？它应是一种新生活模式、新生产模式的诞生。因此，中华文明的新突破，不是某个领域（“术”）的进展，而是整体（“道”）的跃迁。吸收借鉴西方文化的精华——自然科学技术，建立以人为中心，人与社会统一、人与自然统一、人与自我（身心）统一的整体和谐，用中华文明智慧来解决当代矛盾和冲突。“大变局”的判断表明，人类社会已进入文明发生根本变革时期，理应在中西文化精华（马克思主义为西方制度文明发展之精粹释解）——在“第二个结合”的基础上再造文明，使之提升到新文明高度。我们说，认识并掌握了人类生命深层本性及社会实践的各层次规律，一个“自由自觉”的时代，真正的人的开端，其实现就有了潜在特质基础。它所造就的可能是比现代物质科学文明更高的、由马克思揭示的“人的科学”的文明。那时候，正如马克思指出的，“人以一种全面的方式，就是说，作为一个完整的人，占有自己的全面的本质”，是“各个人向完全的个人的发展”。

第二章

雄关漫道真如铁

——如何理解中国式现代化和中华文明的现代形态一体推进的历史进程？

中华文化博大精深，中华文明源远流长。在中华文明的深厚基础上，我们成功走出了中国式现代化道路。中华文明的现代形态在推进中国式现代化过程中生成，促进了中华文明的现代性转型。习近平总书记在文化传承发展座谈会上指出：“中国式现代化赋予中华文明以现代力量，中华文明赋予中国式现代化以深厚底蕴。中国式现代化是赓续古老文明的现代化，而不是消灭古老文明的现代化；是从中华大地长出来的现代化，不是照搬照抄其他国家的现代化；是文明更新的结果，不是文明断裂的产物。中国式现代化是中华民族的旧邦新命，必将推动中华文明重焕荣光。”

一、中国式现代化和中华文明的现代形态建设是一体推进的

文明生成是长期积累的历史过程，也是多种因素综合作用的结果。中华文明历经5000多年的创造与积累才完善其体系、成就其辉煌。从历史发展来看，中国古代文明辉煌灿烂，曾经在世界上居于领先地位，“汉家声威被于四表”“文明之邦”“万国来朝”，中华文明对欧洲启蒙运动产生了重要影响，莱布尼茨、伏尔泰、卢梭等启蒙思想家都从中华文明中汲取思想智慧。西方资本主义制度的产生，也与火药、指南针、印刷术在西方的传播及其功能的扩展有着密切关联。但在鸦片战争以后，中华民族开始走向衰落，这种衰落实质上是在与西方文明的碰撞与较量中显现出来的中华文明的衰落。由此，实现民族复兴内在包含中华文明的复

兴。近代以来，实现中国的现代化和中华民族伟大复兴，是中国人民矢志不渝的梦想和追求。为此，中国共产党团结带领中国人民进行了伟大的革命、建设和改革。这些奋斗实践，实质上也是中国式现代化的文化形态建设的实践。建设中华文明的现代形态是实现中华民族伟大复兴的目标，为实现中华民族伟大复兴奠定文明基础。由此可见，中国式现代化和中华文明的现代形态建设是一体推进的。中国式现代化是从中华大地长出来的现代化，中华文明的现代形态是在推进中国式现代化过程中生成的。

中国式现代化是从中华大地长出来的现代化，根本在于中国式现代化深植于中华文明沃土。中国式现代化深受 5000 多年中华文明的滋养，是中华文明赓续的结果。中华文化的统一性和中华文明的连续性，决定了中国式现代化必然不同于西方的现代化，有自己独特的历史观、世界观、价值观、文明观。中国是世界公认的四大文明古国之一，中华文明始终是一个连续发展的有机整体。数千年前，中华民族的先民们就秉持“周虽旧邦，其命维新”的精神，开启了缔造中华文明的伟大实践。数千年间，中国人民以自己的智慧在长期生产生活中积累了独特的宇宙观、天下观、社会观、道德观，孕育了天下为公、民为邦本、为政以德、革故鼎新、任人唯贤、天人合一、自强不息、厚德载物、讲信修睦、亲仁善邻等中华优秀传统文化内涵，赋予了中国式现代化绵长丰厚的文化自信和发展动力。中国人民还向世界科技和经济发展贡献了四大发明，创造了代表当时世界文化发展高峰的诗词歌赋、礼乐教化、经史子集等古代文明成果。从历史传承的连续性考察，世界古老文明中只有中华文明赓续至今并延续发展，持续为中华民族伟大复兴提供精神动力，为中国式现代化提供文化滋养，使中国式现代化获得无可比拟的历史传承和文化积淀。

中华民族的传统文明和现代文明是连续的，构成中华文明的整体。相对于传统文明而言的，现代文明是处于成长和发展过程中的文明，是

◆ 入藏中国国家图书馆的《论语导读》一书

在中法建交55周年之际，2019年3月24日，习近平主席访问法国，马克龙总统向习近平主席赠送1688年法国出版的首部《论语导读》法文版原著。这部《论语导读》，是一件见证中欧文明交流的珍贵典籍版本。1687年巴黎出版《中国哲学家孔子》，这是《论语》在西方的第一个拉丁文译本，法国东方学家贝尼耶在这本拉丁文书籍的基础上进行法语编译，完成《论语导读》。该书目前只有寥寥数个手抄本存世。2019年马克龙总统向习近平主席赠送的那本《论语导读》，就是其中之一。历经300多年流转，这件珍贵版本以“国礼”的身份来到中国。

基于传统文明而生成的文明，是在推进中国式现代化过程中生成的。现代化的过程是从传统农业文明向现代工业文明、信息文明转型的过程，现代化的本质是文明创造和文明转型。西方资本主义发展开创的现代性文明，将人类文明划分为前现代性文明与现代性文明，中华民族传统文明是前现代性文明的一种。自古以来，中华文明按照自身逻辑演进发展，一度成为世界上最伟大的文明。但自鸦片战争以后，当西方工业文明兴起之时，中华文明未能跟随时代发展节奏实现现代性转型，逐渐从辉煌顶点走向衰落，使国家蒙辱、人民蒙难、文明蒙尘。究其根本原因，在于中华文明本质上属于前现代性文明，无法抵挡现代性文明的冲击。现代文明是传统文明的延续，它在使中华文明保持原有突出特性的同时，克服了传统文明的历史局限，赋予了传统文明生机与活力，确立了现代工业文明、信息文明的主导地位，促进了中华文明的现代性转型。中国式现代化就其本质而言，是现代文明的创造和积累，中国式现代化的过程是适应世界现代化潮流和人类文明发展趋势建设中华文明的现代形态的过程。中国式现代化赋予中华民族传统文明以现代力量、时代特征，中华民族传统文明赋予中国式现代化以深厚底蕴、文化根基。中国式现代化是赓续传统文明的现代化，而不是消灭传统文明的现代化，是文明更新的结果，而不是文明断裂的产物。中华文明的现代形态建设是中国式现代化的内在要求，社会主义现代化文明的生成是中国式现代化的重要成果。

二、中国式现代化和中华文明的现代形态建设一体推进的进程

现代化作为人类文明进步的标志，是世界历史潮流，也是中国人民

近代以来孜孜以求的梦想和追求，是中华民族实现伟大复兴的具象体现。近代以后，能否实现现代化、怎样实现现代化是关涉中国自立于世界的一个大问题。

（一）新中国成立之前

中华民族拥有源远流长、连绵不断的悠久历史，形成了博大精深、独树一帜的中华文化。中华优秀文化滋养着国人的心灵家园，延续着国家的精神血脉，支撑着中华民族薪火相传、生生不息。从百花齐放的诸子争鸣到潇洒飘逸的魏晋风度，从海纳百川的盛唐气象到融会创造的宋明理学，中华文化创造过人类文明史上的巅峰，吸引着许多国家争相学习、纷纷效仿。中华文明成为世界上唯一没有中断的文明，中华民族成为人类历史上长期繁荣的民族。

历史的车轮滚滚向前，一直领先于世界的中国逐渐落后了。进入 19 世纪中叶，在仍沉醉于“天朝上国”之际，国门被西方的坚船利炮轰开，遭遇“三千年未有之大变局”。百年陆沉、神州凌夷，中华民族陷入内忧外患的灾难深渊，中国人民处于水深火热的悲惨境地。“四万万人齐下泪，天涯何处是神州。”民族命运的急转直下，使得国人的民族自信心遭受重创。不少人因此丧失了文化自信，言必称希腊，提出要“全盘西化”，甚至主张废除汉字，用拼音文字取而代之。国运与文运相连，那时的中华民族已无尊严自信可言，中华文化也到了崩溃的边缘。由此，中国人开启了学习仿效西方的现代化之路。从器物层面的洋务运动，到制度层面的戊戌变法、清末新政、辛亥革命，再到思想文化层面的新文化运动，各种尝试轮番出台，均以失败告终。直到俄国十月革命一声炮响给中国送来了马克思列宁主义，方为艰辛求索的先进分子指明了前进方向，中华民族的命运才开启了根本性扭转。毛泽东在《唯心历史观的破产》一文中指出，从鸦片战争到五四运动前夜，中国人没有什么思想武器可以抗御帝国主义。旧的封建主义思想武器打了败仗抵不住，宣告破产了。不得已，中国人被迫从西方的武器库中学来了进化论、天赋人权论和资产阶级共和国等思想武器和政治方案，组织过政党，举行过革命，以为可以外御列强，内建民国。但是这些东西又败下阵来，宣告破产了。直到十月革命后，马克思列宁主义作为救国救民的真理传入中国，“这时，也只是在这时，中国人从思想到生活，才出现了一个崭新的时期。中国人找到了马克思列宁主义这个放之四海而皆准的普遍真理，中国的面目就起了变化了。”马克思主义传入中国，犹如黑夜里的一道闪电，划破了旧中国漆黑的夜幕。正如习近平总书记指出的，马克思主义不仅深刻改变了世界，也深刻改变了中国。马克思主义以其无与伦比的真理力量和道义力量，为迷茫中探索的中国人提供了一种“新的世界观”，与国家求解放、人民求生存的愿望产生了强烈共鸣，星火燎原般席卷中国大地，推动百年中国浩荡前行。正是在中国人民和中华民族的伟大觉醒中，在马克思列宁主义同中国工人运动的紧密结合中，中国共产党应运而生。

中国共产党一经诞生，就义无反顾地肩负起实现民族独立、人民解放和国家富强、人民幸福的历史重任，开始探索中国的现代化建设问题。在推进现代化事业进程中，党自觉担负起继承并再造新文明的使命。陈独秀指出，近代西方文明的缺陷在于“机械资本之用广”“政治之不平等”“君主贵族之压制”。李大钊把十月革命看成“世界的新文明之曙光”。毛泽东则强调对中华文明“给以总结，承继”，提出建立“文明先进的中国”的新文化纲领。这些重要观点是我们党对五四运动以来文明全盘西化、传统文明无用等论调的有力回应，体现了早期共产党人对社会主义新文明的初步认识。1933 年 7 月，《申报月刊》刊出“中国现代化问题特辑”，围绕“中国现代化问题”，知识界进行了一场集中

延伸阅读

《申报月刊》“中国现代化问题特辑”由《编者之言》《编者后记》和参与争论的26篇文章组成。20世纪30年代，内忧外患的中华民族面临着生死存亡的考验，人们开始进一步思考民族的未来和出路。

“中国现代化问题特辑”明确规定了讨论的重点问题：（一）中国现代化的困难和保障是什么？要促进中国现代化，需要哪些先决条件？（二）中国现代化当采取哪种方式，个人主义的或社会主义的？外国资本所促成的现代化，或国民资本所自发的现代化？实现步骤怎样？由此形成了3种主张：一是明确主张采取社会主义方式实现中国现代化；二是主张完全采取资本主义的方式实现中国现代化；三是主张采取资本主义与社会主义相结合的方式实现现代化。

《申报月刊》“中国现代化问题特辑”引发了社会对现代化的持续关注，《东方杂志》《独立评论》《中国实业》等刊物也刊发了相关文章。知识分子开始展现出强烈的社会主义倾向，人们也开始反思资本主义弊端，思考资本主义以外的其他发展模式，加深了人们对社会主义的认识。

讨论，其中就涉及中国现代化的困难和障碍、实现中国现代化的方式等问题，部分共产党员也参与其中。经过反复探讨，论争达成一定的共识：中国现代化既要适应人类文明发展趋势，又要传承本国优秀历史传统，由此中国的现代化开始与马克思主义、社会主义结合在一起。这就表明，在国人的意识中，中华民族的生存与中国能否实现现代化有着决定性关系。在中国共产党的领导下，中国的现代化探索始终从中国具体实际出发，独立自主地寻求中国革命、建设和改革的道路，逐渐发展为以建设中国特色社会主义和实现中华民族伟大复兴为目标的中国式现代化。

新民主主义革命时期，中国共产党以实现人民当家作主为使命，带领人民经过艰苦卓绝的不懈奋斗，推翻了帝国主义、封建主义和官僚资本主义三座大山，摆脱了被欺负、被压迫、被奴役的命运。新民主主义革命的胜利，彻底结束了旧中国半殖民地半封建社会的历史，彻底结束了旧中国一盘散沙的局面，实现了梦寐以求的民族解放和国家独立，为中国式现代化的建设发展扫清了障碍，创造了根本性的社会条件。

（二）社会主义革命和建设时期

新中国成立开辟了中国历史新纪元，我国由此进入人民当家作主建设现代化的崭新时代。这是中国由近代衰弱走向民族复兴的历史转折点，同时拉开了建设社会主义现代化国家的大幕。1953 年，我们党正式提出以“一化三改”为核心的过渡时期总路线，开启了社会主义革命的伟大征程。至 1956 年，全国的社会主义改造基本完成，中国成功地跨越了“卡夫丁峡谷”，从新民主主义社会进入社会主义社会。

我们党坚持在马克思主义的指导下，从中国的具体实际出发，借鉴外国的有益经验，独立自主地探索适合中国国情的社会主义现代化道路。继1953年过渡时期总路线中明确提出“国家工业化”任务之后，1954年9月，毛泽东在一届全国人大一次会议上，提出“将我们现在这样一个经济上文化上落后的国家，建设成为一个工业化的具有高度现代文化程度的伟大的国家”的奋斗目标。周恩来在会议上作《政府工作报告》时进一步指出：“如果我们不建设起强大的现代化的工业、现代化的农业、现代化的交通运输业和现代化的国防，我们就不能摆脱落后和贫困，我们的革命就不能达到目的。”这是我们党首次正式将现代化的目标任务明确为“四个现代化”。正是在这样的探索中，1956年党的八大明确指出，我国国内的主要矛盾“已经是人民对于建立先进的工业国的要求同落后的农业国的现实之间的矛盾，已经是人民对于经济文化迅速发展的需要同当前经济文化不能满足人民需要的状况之间的矛盾”，因此，“党和全国人民的当前的主要任务，就是要集中力量来解决这个矛盾，把我国尽快地从落后的农业国变为先进的工业国”。会议通过的党章强调：“中国共产党的任务，就是有计划地发展国民经济，尽可能迅速地实现国家工业化，有系统、有步骤地进行国民经济的技术改造，使中国具有强大的现代化的工业、现代化的农业、现代化的交通运输业和现代化的国防。”实践证明，党的八大路线是正确的，提出的许多方针和设想是富有创造精神的，为建设社会主义现代化指明了方向。

社会主义改造完成以后，毛泽东进一步把现代化与社会主义紧密地联系在一起。中国进行的现代化，不是别的现代化，而是社会主义的现代化。1960年年初，毛泽东指出：“建设社会主义，原来要求是工业现代化，农业现代化，科学文化现代化，现在要加上国防现代化。”1964年12月，周恩来代表党中央在三届全国人大一次会议上郑重提出“四个现代化”的宏伟目标，即“在不太长的历史时期内，把我国建设成为一个具有现代农业、现代工业、现代国防和现代科学技术的社会主义强国，赶上和超过世界先进水平”。四届全国人大一次会议再次重申了“四个现代化”。随着形势变化,“四个现代化”的任务越来越得到强调和重视,“实现四个现代化，是我国社会主义革命和社会主义建设新时期最大的、最根本的政治”。

（三）改革开放和社会主义现代化建设新时期

1978年召开的党的十一届三中全会重新确立了马克思主义的思想路线、政治路线和组织路线，及时、果断地作出了把全党工作重点和全国人民注意力转移到社会主义现代化建设上来、实行改革开放的历史性决策，从而实现了新中国成立以来党的历史上具有深远意义的伟大转折，开启了我国改革开放和社会主义现代化建设新时期。

新时期，邓小平创造性地提出了“中国式的四个现代化”，并借用中国古语称之为“小康之家”。他多次强调我国要“专心致志地、聚精会神地搞四个现代化建设”，指出现代化是我们当前“最大的政治”，“党在现阶段的政治路线”。将现代化上升到“政治路线”的高度，足见我们党对现代化的认知变化和重视程度。

党的十二大提出“建设有中国特色的社会主义”重大命题，回答了进入改革开放和社会主义现代化建设新时期后，中国现代化走什么样的道路这一世界关注的重大问题，成为指引改革开放和现代化建设的伟大旗帜。这次大会还提出，党在新的历史时期的总任务是“团结全国各族人民，自力更生，艰苦奋斗，逐步实现工业、农业、国防和科学技术现代化，把我国建设成为高度文明、高度民主的社会主义国家”，从而把社会主义现代化的内涵从物质文明拓展到精神文明、政治文明的广度。随后党的十三大明确提出“三步走”现代化战略部署，为中国式现代化描绘了一个长达70年的路线图和时间表。

值得注意的是，在社会主义现代化建设大踏步前进之际，中国现代化与西方现代化的区分也愈加重要。除了“中国式”这样一个用语不断被强化外，人们也逐渐认识到，建立现代文化必须有根、有土壤，中国的现代化也应当从中国自身社会文化背景的创造性转变中，有机地、合于逻辑地生长出来，所以要有“中华民族的自我意识”。有学者研究指出：“对于中华民族和本体文化——确信它可以从自身的转化中过渡为社会主义的新型现代文明的充分自尊与自信。”即中华民族“本体文化”经过“创造性转变”可以成为“新型现代文明”。

南方谈话和党的十四大明确我国经济体制改革的目标是建立社会主义市场经济体制，这是中国式现代化建设理论的又一重大突破。在此基础上，党的十五大规划了我国跨世纪发展的战略部署，提出社会主义现代化建设新的“三步走”发展战略。党的十六大把社会主义现代化建设总体布局进一步概括为经济建设、政治建设、文化建设“三位一体”，党的十七大增加社会建设成为“四位一体”。由此，中国的现代化内涵越来越丰富，“不仅要有发达的物质文明，还要有高度的精神文明和人的全面发展”，“人的全面发展，内在于人的创造力不断显现，蕴藏于人的能动性不断释放”。中国现代化的道路、理论和制度也越来越清晰、系统和完备，“在长期的实践中，中国人民开辟了自己的道路，形成了自己的理论体系，确立了自己的制度”，但“它们都有着一个深刻的‘标识’和一面鲜明的‘旗帜’——中国特色社会主义，从而不断指引着中国的现代化路径”。

在中国式现代化的历史进程中，改革开放是我们党的一次伟大觉醒。正是这个伟大觉醒，孕育了党从理论到实践的伟大创造，不断拓展中国式现代化新道路，使我们党在改革开放和社会主义现代化建设新时期，团结带领人民开创、坚持、捍卫、发展中国特色社会主义，实现了从高

◆ “全面小康”稻田画

到2020年年底，中国如期完成新时代脱贫攻坚目标任务，现行标准下9899万农村贫困人口全部脱贫，832个贫困县全部摘帽，12.8万个贫困村全部出列。2020年我国国内生产总值超过100万亿元，人均国内生产总值超过1万美元；基本医疗保险覆盖13.6亿人，基本养老保险覆盖超过10亿人，建成世界上规模最大的社会保障体系……我们党团结带领人民在中华大地上全面建成了小康社会，历史性地解决了绝对贫困问题。这是人类有史以来惠及人口最多、规模体量最大的小康社会，为促进全球人类福祉的整体性提升作出了重大贡献。

度集中的计划经济体制到充满活力的社会主义市场经济体制、从封闭半封闭到全方位开放的历史性转变，实现了从生产力相对落后的状况到经济总量跃居世界第二的历史性突破，实现了人民生活从温饱不足到总体小康、奔向全面小康的历史性跨越，为实现中华民族伟大复兴提供了充满新的活力的体制保证和快速发展的物质条件。

（四）中国特色社会主义新时代

党的十八大以来，中国特色社会主义进入新时代，这是一个决胜全面建成小康社会、进而全面建设社会主义现代化强国的伟大时代。从党的十八大到党的二十大，以习近平同志为核心的党中央科学总结我国现代化建设的理论与实践，对中国式现代化发展进行了系统性战略谋划，开辟了中国式现代化发展的新境界。

党的十八大阐明中国特色社会主义的总依据是社会主义初级阶段，总布局是经济、政治、文化、社会、生态文明建设“五位一体”，总任务是实现社会主义现代化和中华民族伟大复兴。随后召开的党的十八届三中全会首次就国家制度层面提出“完善和发展中国特色社会主义制度，推进国家治理体系和治理能力现代化”。党的十九大明确指出，中国特色社会主义进入新时代，我国社会主要矛盾已经转化为人民日益增长的美好生活需要和不平衡不充分的发展之间的矛盾。从“解决人民对于经济文化迅速发展的需要”到“解决人民日益增长的美好生活需要”，反映出中国式现代化水平的显著提升。大会强调，从党的十九大到党的二十大，是“两个一百年”奋斗目标的历史交汇期。我们既要全面建成小康社会、实现第一个百年奋斗目标，又要乘势而上开启全面建设社会主义现代化国家新征程，向第二个百年奋斗目标进军，据此提出从 2020 年到 21 世纪中叶可以分两个阶段来安排。“第一个阶段，从二〇二〇年到二〇三五年，在全面建成小康社会的基础上，再奋斗十五年，基本实现社会主义现代化”，“第二个阶段，从二〇三五年到本世纪中叶，在基本实现现代化的基础上，再奋斗十五年，把我国建成富强民主文明和谐美丽的社会主义现代化强国”。“从全面建成小康社会到基本实现现代化，再到全面建成社会主义现代化强国，是新时代中国特色社会主义发展的战略安排。”按照这样的战略部署，党的十九届五中全会通过了《中共中央关于制定国民经济和社会发展第十四个五年规划和二〇三五年远景目标的建议》，进一步规划了基本实现社会主义现代化的战略安排。习近平总书记强调，我们建设的现代化必须是具有中国特色、符合中国实际的，是人口规模巨大的现代化、全体人民共同富裕的现代化、物质文明和精神文明相协调的现代化、人与自然和谐共生的现代化、走和平发展道路的现代化。在庆祝中国共产党成立 100 周年大会上的讲话中，习近平总书记再次强调：“我们坚持和发展中国特色社会主义，推动物质文明、政治文明、精神文明、社会文明、生态文明协调发展，创造了中国式现代化新道路，创造了人类文明新形态。”

党的二十大报告指出：“在新中国成立特别是改革开放以来长期探索和实践基础上，经过十八大以来在理论和实践上的创新突破，我们党成功推进和拓展了中国式现代化。中国式现代化，是中国共产党领导的社会主义现代化，既有各国现代化的共同特征，更有基于自己国情的中国特色。”大会郑重宣布，“从现在起，中国共产党的中心任务就是团结带领全国各族人民全面建成社会主义现代化强国、实现第二个百年奋斗目标，以中国式现代化全面推进中华民族伟大复兴”。党的二十大在谋划未来的目标任务和行动纲领时，深刻分析了我国发展面临的新的历史特点，在党的十九大作出的分两步走全面建成社会主义现代化强国战略安排的基础上，进一步对到 2035 年和 21 世纪中叶的发展目标作出宏观展望，重点部署了今后5年的战略任务和重大举措。大会明确指出："全面建成社会主义现代化强国，总的战略安排是分两步走：从二〇二〇年到二〇三五年基本实现社会主义现代化；从二〇三五年到本世纪中叶把我国建成富强民主文明和谐美丽的社会主义现代化强国。"未来5年是全面建设社会主义现代化国家开局起步的关键时期，搞好这5年的发展对于实现第二个百年奋斗目标至关重要。

"中国式现代化是中国共产党和中国人民长期实践探索的成果，是一项伟大而艰巨的事业。惟其艰巨，所以伟大；惟其艰巨，更显荣光。"100多年奋斗征程，中国共产党牢记初心使命，领导人民取得了新民主主义革命、社会主义革命和建设、改革开放和社会主义现代化建设的伟大胜利，开创了中国特色社会主义新时代，使我们现在比历史上任何时期都更接近全面建成社会主义现代化强国、继而实现中华民族伟大复兴的目标，比历史上任何时期都更有信心、更有能力实现这个目标。

三、在以中国式现代化全面推进民族复兴的新征程上继续推进社会主义现代化文明

中国式现代化，是中国共产党领导的社会主义现代化，既有各国现代化的共同特征，更有基于自己国情的中国特色。中国式现代化是人口规模巨大的现代化，是全体人民共同富裕的现代化，是物质文明和精神文明相协调的现代化，是人与自然和谐共生的现代化，是走和平发展道路的现代化。我国14亿多人口整体迈进现代化社会，规模超过现有发达国家人口的总和，艰巨性和复杂性前所未有，发展途径和推进方式也必然具有自己的特点。共同富裕是中国特色社会主义的本质要求，也是一

个长期的历史过程，要坚持把实现人民对美好生活的向往作为现代化建设的出发点和落脚点，着力促进全体人民共同富裕。物质富足、精神富有是社会主义现代化的根本要求，在不断厚植现代化的物质基础的同时，还要大力发展社会主义先进文化，促进物的全面丰富和人的全面发展。人与自然是生命共同体，要坚持可持续发展，坚定不移走生产发展、生活富裕、生态良好的文明发展道路，实现中华民族永续发展。我国不走一些国家通过战争、殖民、掠夺等方式实现现代化的老路，而是要坚定站在历史正确的一边、站在人类文明进步的一边，高举和平、发展、合作、共赢旗帜，在坚定维护世界和平与发展中谋求自身发展，又以自身发展更好维护世界和平与发展。

需要注意的是，中国式现代化是中国共产党领导的社会主义现代化，是为全体人民谋利益的现代化。中国共产党是中国式现代化的领导力量，也是中国式现代化沿着中国特色社会主义道路继往开来的可靠支撑，更是新时代中国式现代化创新发展、实现第二个百年奋斗目标的坚强保证。中国式现代化是社会主义制度条件下的现代化，社会主义制度决定了中国式现代化的基本性质和未来走向。坚持中国特色社会主义，是中国式现代化同西方现代化的根本区别，是推进中国式现代化的最本质要求。再从科学内涵看，推进中国式现代化的奋斗目标，是把我国建成富强民主文明和谐美丽的社会主义现代化强国，是坚持经济建设、政治建设、文化建设、社会建设、生态文明建设“五位一体”总体布局的现代化，是推动物质文明、政治文明、精神文明、社会文明、生态文明“五大文明”协调发展的现代化。中国式现代化坚持以实现高质量发展为方向，坚持以发展全过程人民民主为方向，坚持以丰富人民精神世界为方向，坚持以实现全体人民共同富裕为方向，坚持以促进人与自然和谐共生为方向。

传统智慧

1. 有朋自远方来，不亦乐乎？——《论语·学而》

【释义】有朋友从远方过来，怎么能不高兴呢？

2. 己所不欲，勿施于人。——《论语·卫灵公》

【释义】如果自己不喜欢或做不到，不要强加于别人。

3. 万物并育而不相害，道并行而不相悖。——《礼记·中庸》

【释义】万物同时生长而不相妨害，日月运行四时更替而不相违背。

总的来看，中国式现代化之路避免了西方现代化过程中的弊病，妥善处理了现代化过程中的各种关系。一是现代化与人的关系：共同富裕；二是现代化与社会的关系：公正协调；三是现代化与国家的关系：独立自强；四是现代化与自然的关系：和谐共生；五是现代化与世界各国的关系：和平共赢。其中，最根本的两个特征是在内部没有形成贫富两极分化和社会分裂，对外没有进行殖民扩张和战争掠夺，这也与中国传统文明有关。中国古代在世界上的地位，不是靠侵略扩张取得的。“中国”本来就是一个文化概念，对外交往的准则向来是“以文化之”，而不是“以武征之”。可以说，中国式现代化之路充分体现了中华文明的五大特性：突出的连续性、创新性、统一性、包容性、和平性。

习近平总书记指出："每一种文明都延续着一个国家和民族的精神血脉，既需要薪火相传、代代守护，更需要与时俱进、勇于创新。"历经100多年奋斗，中国共产党领导人民成功推进和拓展了中国式现代化，创造了人类文明新形态。在新的实践基础上，党的二十大概括了中国式现代化的中国特色、本质要求和重大原则，初步构建了中国式现代化的理论体系，特别指出中国式现代化深深植根于中华优秀传统文化，体现了科学社会主义的先进本质，借鉴吸收了一切人类优秀文明成果，代表了人类文明进步的发展方向，展现了不同于西方现代化模式的新图景，是一种全新的人类文明形态，为人类对更好社会制度的探索提供了中国方案。中国式现代化蕴含的独特世界观、价值观、历史观、文明观、民主观、生态观等及其伟大实践，是对世界现代化理论和实践的重大创新。当然，推进中国式现代化是一项探索性事业，还有许多未知领域，可能会遇到各种风险挑战、艰难险阻甚至惊涛骇浪，需要增强忧患意识，坚持底线思维，居安思危、未雨绸缪，在实践中进行新的大胆探索。中国式现代化赋予中华文明以现代力量，中华文明赋予中国式现代化以深厚底蕴，中国共产党将在新的起点上继续推动建设社会主义现代化文明。可以说，建设中华文明的现代形态既是中华民族伟大复兴的强大动力，也是实现中华民族伟大复兴的必然要求。

第三章

文化兴则国运兴

——为什么说发展中华文明的现代形态是推进中国式现代化的必然要求？

“文化关乎国本、国运。”推动文化繁荣、建设文化强国是贯穿社会主义现代化始终的使命任务。这一使命任务不仅表达了文化自身发展诉求，也同中国式现代化有着深刻关联。引鉴历史、着眼未来，才能更好地考察现实，中华文明和中国式现代化应置于大历史观视域下予以把握。中华文明的现代新生因中国式现代化的成功开创而具有现实可能性，由传统走向现代的中华文明则积淀为中国式现代化的文明基石。中国式现代化的进一步推进和拓展要求创造与之相匹配的新文明，在此意义上，发展中华文明的现代形态是推进中国式现代化的必然要求。

一、历史发生：中国式现代化是赓续中华文明的结果

各国现代化的历史发生证明现代文明不是“飞来峰”，不能脱离自身文明根基。在传统和现代交汇时，从固守传统到拒斥传统，再到赓续传统，经由对中华文明的否定之否定，中国的现代化提升为中国式现代化。中国式现代化是从中华大地长出来的现代化，不是同传统的彻底决裂，也不是简单延续我国历史文化的母版，而是在解构并重建中华文明基础上展开的现代化。

（一）固守传统：错失现代化机遇

工业革命的发生将历史划分为现代和前现代，人类文明现代转型成为不可移易的进程，如何对待被纳入前现代范畴的历史传统、文明积淀，是后发现代化国家首先面临的问题。作为现代化后发者的中国同样不能

回避这一问题，而5000多年中华文明未曾中断，鲜有的历史连续性则使这一问题尤为明显。历史分叉点上，因未能因循历史大势，中国两次错失现代化浪潮伴生的机遇。

不同时代的文明在同一时空交汇，中华文明在新的文明格局中被边缘化。诞生于精耕细作小农生产方式之上的中华文明于长期积累中在先进性和效用性上达到了农业文明的历史高地。这可以从数据中直观看到，1500年中国经济总量占世界的比重为25%，至1820年达到32.9%，超过西欧、东欧和美国的总和，至1913年中国经济总量仍高于英国。但这种劳动密集型产业的产值与人口数量直接挂钩，1500—1820年，中国人均GDP为600国际元。特定文明所处的文明高地并不是超时代的，农业文明的发展空间在2000多年的演绎中几近饱和。发端于西方的工业革命打破人力、畜力局限，为冲破农业文明“天花板”提供了新的动能。“工业革命是历史上改变人类文明性格最大的力量。”人类文明在机器大生产中“以前所未闻的速度和前所未闻的规模发展起来了”，资本驱动则使其进入“真正的狂飙时期”。世界进入“大分流”时代，文明高地开始向西转移。资本扩张逻辑使工业文明冲破国界，其结果是分属不同时代的文明在同一时空交汇，不同文明分治的时代成为历史。占据历史主动的西方工业文明以自身为中心建构起新的文明秩序、文明格局，农业文明主导的中华文明在新秩序中处于从属位置。

因固守传统错失现代化机遇。作为新生事物的西方工业文明必然会受到旧势力抵抗；它又以一种兼具文明和野蛮的逐利、侵略态势出现在东方社会，表现出同中华传统文明相悖的“病态”面相，因而遭到了抵拒。同时，封建统治者自恃处于文明中心，始终从中国出发，未能从更广的视野中把握历史潮流，进而未能从正面认识更高形态的现代文明，这致使中华文明闭锁于发展缓慢的农业社会。正如基辛格所言：“中国挟其独特的传统和千年养成的优越感步入近代。这个独特的帝国声称它的文化和体制适用于四海，却不屑于去改变异族的宗教信仰；它是世界上最富饶的国家，却对与外国通商和技术革新漠不关心；它文化发达，却受制于一个对西方探险时代的来临一无所知的政治统治集团；它在辽阔的疆土上建立了一套政治体系，却对即将威胁其生存的技术文化大潮茫然无知。”即便是在意识到现代化是不可移易大势后展开的第一次现代化探索——洋务运动本质也是“防卫的现代化”：将传统视为恒定不变的存在，企图以西方之“用”维护中国之“体”，借现代器物文明维护传统秩序。这种有限的现代化实质是固守传统的“反现代化”。18 世纪中叶起的 1 个多世纪中，中国因封闭保守错失工业革命带来的现代转型机遇，但这并不意味着现代化是对传统的摧毁，未能与时代同步源于未能洞察历史大势。传统包含着经得起历史和实践检验的文明因子，而这也是旧势力尚能存在并能与先进力量周旋的重要依据。

（二）文明断裂：现代化探索屡次受挫

在西方现代文明强势冲击扰乱中国发展步伐后，中国曾因固守传统而饱尝历史苦果，而此后相继走向历史前台的不同阶层也未能正确认识现代文明发展规律，又简单将现代和传统对立起来，选择另一个极端，即秉持“人类和地球的欧洲化”的先验逻辑，在接受现代化任务时不是从自身实际出发，而是拒斥传统。但简单地移植嫁接未能使现代文明在中国扎根，早期现代化探索屡次受挫。

在中西文明势位差下，寻求出路的中国人弃置传统，将视野转向西方。世界历史进程中，西方的扩张裹挟着一种不能用情感抵抗的历史内容，农业文明无力应对来自工业文明的进取之势，“天朝上国”节节败退。马克思指出：“以手工劳动为基础的中国工业经不住机器的竞争。牢固的中华帝国遭受了社会危机。”不同形态文明交汇带来的千年未有之大变局引发中国社会各界对数千年文明的反思，反思结果直接关乎中国向何处去。西方工业文明发出挑战之时正值数百年封建王朝由盛转衰之时，这种历史反差不仅带来巨大的心理落差，而且造成了认识上的偏差，中国社会出现矮化自我、仰视“他者”的取向。探寻出路的诸多阶层由此不自觉地滑向由西方设定的以新旧指称中西文明的轨道，对自身文明的高度自信随之降为自卑。因而，近代挽救中华文明的一个主张是弃置传统，

经典文献

夏之既夷，豫假夫商所以兴，夏不假六百年矣乎？商之既夷，豫假夫周所以兴，商不假八百年矣乎？无八百年不夷之天下，天下有万亿年不夷之道。然而十年而夷，五十年而夷，则以拘一祖之法，惮千夫之议，听其自陊，以俟踵兴者之改图尔。一祖之法无不敝，千夫之议无不靡，与其赠来者以劲改革，孰若自改革？抑思我祖所以兴，岂非革前代之败耶？前代所以兴，又非革前代之败耶？何莽然其不一姓也？天何必不乐一姓耶？鬼何必不享一姓耶？奋之，奋之！将败则豫师来姓，又将败则豫师来姓。《易》曰：“穷则变，变则通，通则久。”非为黄帝以来六七姓括言之也，为一姓劝豫也。

——龚自珍：《乙丙之际箸议第七》（一八一五年——一八一六年），

节选自《复兴文库》第一编第一卷第一册

向外求索，在文明断层上探索传统与现代更替的方案。

拒斥传统的现代化探索因缺乏根基屡屡受挫。在向西方学习的过程中，中国的现代化探索呈现出由表及里、由浅入深的特征。汤因比以“文化辐射律”诠释了两种异质文明的接触：当运动着的文化射线被它所碰撞的外在机体衍射成不同成分时，文化辐射中各种成分的穿透力通常与这一成分的文化价值成反比。物质文明对传统社会的冲击最小，有较强的穿透力，因而，器物现代化成为对标西方现代文明重建中华文明的第一选择。适应现代生产力发展要求，觉醒程度不同的各阶层逐步从西方引入制度、思想文化。从生产力到上层建筑，对西方现代文明的渐次深入学习推动了中国社会新陈代谢，但因未能切中中国现代转型之根本——生产关系和社会性质而收效甚微。从后思索，“文明国家”的操纵使中国沦为半殖民地半封建社会，中国走向现代化的最大障碍源于此而非中华传统文明。传统不是先天障碍，任何一个走向现代化的国家都有其历史传统，对自身传统的虚无使现代文明缺乏附着之处。现代文明没有在中国大地扎根，也就不可能结出硕果。“抛弃传统应该看成新事业的一种代价；保留传统则应算作是新事业的一种收益。”因而，推进现代化应当为传统保留一定空间，并积极探索传统与现代的结合点、激活传统所蕴含的优秀因子。

（三）文明传承：创造现代化的中国范式

中国共产党突破思维定式，摒弃传统与现代二元对立的片面现代化观，反对历史虚无主义，自觉赓续中华文明，将现代化逻辑由“走别人的路”转向“走自己的路”，根本改变了中国现代化发展态势。中华民族有着不同于其他文明体的发展历程，数千年文明积淀是涵养中国式现代化的独特资源。

勘定中华文明历史方位，在历史延长线上审视现代文明。不理解古代中国就不能理解现代中国，没有传统文明就没有现代文明。现代化是对传统的新陈代谢，没有脱离传统的现代化，富有生命力的现代文明应当包含对传统的理性批判和重整。中华传统文明主要形塑于封建社会，毋庸置疑，因时代条件和社会制度局限，必然包含陈腐过时内容，但社会系统具有可解析性、部分文明要素具有超时空性，经再造可融入新的文明体系。因而，不能为中华传统文明贴上落后的标签，简单将之归于“前现代”。中国共产党秉持对自身文明资源的高度自觉，从对传统的片面认识中解放出来，毛泽东强调“从孔夫子到孙中山，我们应当给以总结，承继这一份珍贵的遗产”。勘定历史方位，重整历史遗产，从中剥离出“合理内核”，使其成为现代文明的附着基础，现代化自此不仅出现在中国，而且深耕于中国大地，能从根基处汲取养分。只有当现代化在自身文明土壤中生了根，“才会对于我们民族来说成为真正本质的和伟大的东西”。

赓续传统，走自己的路，开创出中国式现代化。中国式现代化本质是社会主义现代化，由社会主义定向的，而中华优秀传统文化蕴含着朴素的社会主义元素，为接受社会主义现代化提供了文化基础，因而，中国式现代化和中华优秀传统文化之间不仅有传统与现代的历史关联，更有文明之间的本质关联。中国共产党是中华优秀传统文化的传承者和弘扬者，自觉将中华文明优秀因子融入现代化的理论和制度探索中，中国式现代化的“中国特色”是中华文明优秀因子创造性转化的最新重大成果。传承历史文脉，才能走出契合实际的现代化道路，中国式现代化才能获得不竭的思想资源和巨大的内生潜力。遵循这一规律，中国的现代化才没有汇入沦为附庸或失败的历史洪流，相反，以较小的代价换取显著文明成果。历史雄辩地证明，中华文明是开创中国式现代化的历史前提，也是推进中国式现代化的宝贵资源。“只有坚持从历史走向未来，从延续民族文化血脉中开拓前进，我们才能做好今天的事业。”中华文明贯穿于中国式现代化的历史发生进程，推进中国式现代化内在地要求赓续中华文明，发展中华文明的现代形态。

二、现实考量：中华文明内隐外显于中国式现代化

中国式现代化的历史发生与中华文明的历史积淀内在相关，这种相关性没有止步于中国式现代化的开创，中华文明也不仅作为一种历史资源在新征程中发挥作用。在中国式现代化的展开中，中华文明获得自己的现代形态，作为文明启迪和精神支柱内隐于中国式现代化，作为底色标识外显于中国式现代化。这一内在关联又使二者彼此成就。

（一）隐于内：中华文明是中国式现代化的内在支撑

中华文明因中国式现代化的历史性推进和拓展而获得赓续发展，获得现代新生的中华文明则为中国式现代化提供了内在支撑，成为中国式现代化的文明基石。中华文明塑造的“集体无意识”为推进和拓展中国式现代化提供了独特资源和支撑。

中华文明提供了创造全新现代文明的有益启迪。中国接触到现代化时，现代文明已呈现出基本面相，而在探索通向现代化的道路时，人类现代文明又面临许多突出难题，作为后发者的中国不可能走现代化老路，共享西方现代文明负效应。科学社会主义揭示了所谓的现代化代价是可以规避的，社会全面发展、人的全面进步是可能的。而理论变为现实，不仅需要运用当代的智慧和力量，而且需要运用历史上积累的经验和智慧。人类现代文明发展深受两极分化、物质主义极度膨胀、人与自然关系高度紧张、狭隘的民族主义等因素限制。作为中华文明之结晶，中华

◆ 文瀚阁

◆ 文济阁

◆ 文润阁

◆ 文沁阁

中华文明源远流长、博大精深，是中华民族独特的精神标识，是当代中国文化的根基，也是中国文化创新的宝藏。建设中国国家版本馆，是文明大国建设的基础工程，是功在当代、利在千秋的标志性文化工程，是国家站在文化安全和文化复兴战略高度上谋划的，用以存放保管文明"金种子"的"库房"，也就是中华文明种子基因库。

中央总馆（文瀚阁）、西安分馆（文济阁）、杭州分馆（文润阁）、广州分馆（文沁阁）组成的中国国家版本馆，分布在神州大地的东西南北，既各有侧重、各具特色，又遥相呼应、浑然一体，构成中华版本保藏传承体系，集中保藏展示中华民族的文化瑰宝，成为国家文化软实力的时代表达。

优秀传统文化蕴含丰富的哲学思想、人文精神、教化思想、道德理念，可以为人们认识世界和改造世界提供启迪。比如，天下为公、民为邦本，自强不息、厚德载物，道法自然、天人合一，和而不同、和谐相处等思想，为破解现代化难题提供了有益启示。正是在社会主义所划定的轨道上充分挖掘中华文明优秀因子，中国式现代化能够破解人类现代文明困境，实现逆势发展，并展现出广阔前景。

中华文明是中国式现代化的精神支柱。中国式现代化作为一种全新的实践探索，是全方位、深层次的文明变革，是跨越“卡夫丁峡谷”的文明实践，不仅要使中国社会实现从传统向现代的转变，还需在扬弃资本主义现代文明基础上创造更高水平的文明。因而，推进中国式现代化需要多重支撑和保障，既要有坚实的物质基础，完善的制度保证，也需要强大的精神力量。经前期夯基垒台，中国式现代化的四梁八柱已初步搭建，各支柱在其中发挥着不可替代的作用。中华文明蕴含着的文化传统、价值取向和思维方式沉淀为中国人的集体无意识，这种日用而不觉的力量为推进现代化提供了更加稳固、持久的力量，是推进中国式现代化不可或缺的精神支柱。无形力量不能代替有形力量，但无形力量一经激发会催生强大动力和磅礴伟力。抗日战争时期以弱胜强，新中国成立之初在多重封锁围堵中巩固新生政权，新时代应对突发事件、外部打压遏制等，均离不开精神支撑。中国式现代化还面临诸多未知领域，必然会遇到各种可以预料和难以预料的风险挑战，同时，秉持不同文明主张的“他者”现代化塑造了不利外部环境，企图阻滞中国现代化升级。应对大变局带来的不确定因素，以及可能发生的“黑天鹅”“灰犀牛”事件需借助中华文明激发内生性精神力量，以伟大斗争推进伟大事业。

（二）显于外：中华文明是中国式现代化的底色标识

中国式现代化之“中国式”“中国特色”深深根植于中华文明沃土，中国式现代化因此而具有深厚底蕴。这种底蕴因其在现代文明创新发展中的突出作用由内而外地彰显出来，成为中国式现代化的鲜明底色。不同底色之上会有不同成像，没有这一底色或淡化底色，都会影响中国式现代化文明图景的呈现。

中华文明是中国式现代化的外在表征，提升中国式现代化的影响力和感召力需不断强化外部表征。“外显”即外部呈显，指向直观中所把握到的对象。外部呈显不是外部附加，而是事物内在本质的表征。中华文明是中国式现代化的重要标识，是其本质的呈显。习近平总书记指出：“如果没有中华五千年文明，哪里有什么中国特色？如果不是中国特色，哪有我们今天这么成功的中国特色社会主义道路？”中国式现代化之“式”和“特色”是由作为主体的中国所赋予的，而中国超乎自然地理意义的内涵是由中华文明赋予的。中国是一个政治体，也是一个具有超大规模、超长历史的文明体。作为政治体，在社会变革中会发生同历史的“彻底决裂”，但作为文明体，中华文明所构筑的价值认同具有历史连贯性，能够从旧的社会形态中剥离出来，作为历史资源隐而不显地发挥作用。比如，中华文明突出的连续性、统一性和包容性使内部差异极大的广土巨族整合成多元一体的中华民族，形成幅员辽阔、人口众多的国家；富民厚生、义利兼顾的经济伦理，厚德载物、明德弘道的精神追求等，使中国式现代化成为追求共同富裕、物质文明和精神文明协调发展的现代化。中华文明优秀因子也因此获得现代内涵，具有了中国式现代化的属性特质，从历史深处走向历史前台，由隐于内的底蕴转为显于外的底色，成为全新现代文明图景的外在表征。在多种现代化模式同台竞争的时代，提升中国式现代化的影响力和感召力需建设好与之相匹配的新文明，强化外在表征。

延伸阅读

2024年2月26日，首个全景式展现商文明的国家重大考古专题博物馆——殷墟博物馆新馆对公众开放。全息投影、虚拟数字人、多媒体交互……科技与文化创意融合，3000多年前的殷墟以更青春的姿态走进公众视野，在赓续传承中焕发蓬勃生机。

殷墟出土了极为丰富的文物，甲骨文无疑是分量最重的一类。“三千年而一泄其密”。甲骨文是迄今为止中国发现的年代最早的成熟文字系统，是汉字的源头和中华优秀传统文化的根脉。从占卜、祭祀到狩猎、农耕、气象，甲骨文包罗万象，让后人得以窥见先民的生活图景和精神世界。刀笔有痕，那些栩栩如生的造型，蕴含着古人的审美追求与哲学思考，尽显汉字风韵与中华文明的博大精深。殷墟博物馆依托甲骨文信息处理实验室，越来越多甲骨碎片利用人工智能图像技术进行自动缀合；甲骨文大数据平台“殷契文渊”收集了世界各地的甲骨文著录、文献，建立甲骨文字形库，并向全世界免费开放；“甲骨文动画还原3000年前的战场”等系列创意视频成为网络“爆款”，镌刻在甲骨上的文字“动”起来、“活”起来。

中华文明是成就中国式现代化的底色，确保中国式现代化按其蓝图设计呈现出来，需自觉赓续中华文明。中华文明作为底色不仅直观地表征着中国式现代化的文明图景，还直接地影响着中国式现代化文明图景的呈现。底色是影响事物是其所是的重要因素，在不同底色之上会呈现出不同的文明图景。中国式现代化的顶层设计已初具雏形，中国特色、本质要求和重大原则擘画了现代文明蓝图，这是一种不同于西方现代化模式的新图景，代表着人类文明发展的新选择。但蓝图的实现是一个具体的、历史的过程，存在多种可能。中国式现代化能否在多元文明交流中保持本色、能否在中西文化激荡中守好特色、能否在历史演绎中增添亮色，都与其底色直接相关。确保中国式现代化保质保量实现，需确保呈现文明图景的底色不变色、不褪色，这要求针对现代化的时代之问挖掘中华文明优秀因子，建设同中国式现代化实践需要相匹配的文明形态。持续推进中华文明更新再造，中国式现代化投射到底色上才会呈现应有的文明图景。

（三）合而兴：中华文明和中国式现代化互相成就

中华文明因中国式现代化而获得发展空间，并通过内隐外显的方式作用于中国式现代化，为中国式现代化的推进和拓展提供支撑。似乎中国式现代化是唯一作用点，但中国式现代化是一种路径选择，指向的是文明复兴。中国式现代化和中华文明之间不是单向作用，而是互相塑造，中国式现代化的推进必然要求建设与之相匹配的现代文明。

中国式现代化和中华文明的现代形态是路径与目标的统一体。党的二十大明确提出，新时代新征程上，“中国共产党的中心任务就是团结带领全国各族人民全面建成社会主义现代化强国、实现第二个百年奋斗目标，以中国式现代化全面推进中华民族伟大复兴”。这一论述表明中国式现代化是路径方式，强国建设、民族复兴是使命目标。近代以来，文明衰落致使国家、民族蒙难，因而，强国建设、民族复兴的共同指向是文明复兴，使中华文明获得现代形态，重新引领时代。历史以无可辩驳的事实证明，中国式现代化和中华文明的现代形态是手段和目的的辩证统一：中国式现代化是强国建设、民族复兴的唯一正确道路，因而，也是创造人类文明新形态的可行路径；确立将传统文明提升为现代文明，而非以西方现代文明置换传统文明的目标，现代化才得以在中国扎根，真正获得生命力。没有正确的道路，中华文明难以赓续；没有明确的目标，走自己的路会迷失方向。路径和目标相统一、相结合，中国式现代化才能行稳致远，实现文化繁荣的目标。

中国式现代化和中华文明互相成就的逻辑决定二者必须同步推进。“中国式现代化赋予中华文明以现代力量，中华文明赋予中国式现代化以深厚底蕴。”回顾历史，中国的现代化因赓续中华文明，接通历史根脉才得以真正启动；立足现实，中国式现代化的开创使中华文明的存续成为可能，重塑中华文明这一课题也因推进中国式现代化的实践需要而具有重大意义。党的十八大以来，在理论和实践创新突破中，逐步破解古今之争，重新开发利用中华文明，关于中国式现代化的规律性认识得以不断深化、战略布局得以不断完善、实践得以不断丰富，中国式现代化由此获得全新内涵和突破性进展。中国式现代化承载着宏大使命，但强国建设刚从全面建成小康社会转入全面建设社会主义现代化国家阶段，民族复兴刚进入不可逆转的历史进程，新的战略机遇、新的战略任务、新的战略阶段、新的战略要求、新的战略环境要求乘势而上继续推进中国式现代化创新突破。打开中国式现代化创新空间不能直接现成地利用历史遗产，而要与时俱进地推进中华文明更新再造，创造人类文明新形态。

三、未来前瞻：继续推动中华文明更新再造巩固中国式现代化主体性

同文化一样，任何现代化要立得住、行得远，要有引领力、凝聚力、塑造力、辐射力，就必须有自己的主体性。主体性即能动性，表征着主体能够依据自身实际进行自由自觉的创造活动。中国的现代化提升为中国式现代化意味着获得了自身主体性，但中国式现代化是一项未竟事业，是一个具有未来指向性的设计，其主体性尚处于塑造阶段。文明具有超越时空的影响力，关乎国本、国运。进入多种现代化模式共生并存的时代，巩固中国式现代化的主体性，需继续推动中华文明现代新生。

（一）筑牢中国式现代化道路根基要求造就新的文化生命体

巩固中国式现代化的主体性首先要有稳固的根基，使其立得住。经由“两个结合”，中国逐步破解“古今中西之争”，打破传统与现代对立的形而上学思维、“人类和地球的欧洲化”程式，找到了传统与现代的连接点，现代化由此在中国扎了根，获得了主体性。但扎了根仅意味着接通了历史根脉，巩固中国式现代化主体性，使其葆有旺盛生命力还需向下扎根。向下扎根不是复归历史，而是在对传统的重估中造就新的文化生命体。

中国式现代化能够更加全面地彰显自身主体性离不开对中华文明的重新发现和利用。新中国成立初期，复杂的内外环境决定中国首先要融入世界现代化大潮，集中力量进行工业化建设，这一阶段所铸造的是现代文明的基础性根基。改革开放拉开了社会主义现代化建设的全新序幕，也提供了认识世界现代化的窗口，1978 年 10 月邓小平在日本考察时深刻感慨“我懂得了什么是现代化”。面对中国与世界的差距，他强调“我

们必须认识中国的现实，立足于中国的现实来进行四个现代化建设，也要根据现在中国的薄弱基础来决定我们实现四个现代化的目标。”1979年提出“中国式的四个现代化”“中国式的现代化”等新概念正是强调中国的现代化要“从中国特点出发”。发展起来之前对“中国特点”的强调更多突出的是落后的社会生产力、“薄弱基础”，正是基于此，邓小平在阐释其内涵时更多强调的是技术水平和人均收入。这一阶段，“走自己的路”重在建立坚实的物质基础，中华文明尚待挖掘。新时代，文化建设

经典文献

坚持独立自主。独立自主是中华民族精神之魂，是我们立党立国的重要原则。走自己的路，是党百年奋斗得出的历史结论。党历来坚持独立自主开拓前进道路，坚持把国家和民族发展放在自己力量的基点上，坚持中国的事情必须由中国人民自己作主张、自己来处理。人类历史上没有一个民族、一个国家可以通过依赖外部力量、照搬外国模式、跟在他人后面亦步亦趋实现强大和振兴。那样做的结果，不是必然遭遇失败，就是必然成为他人的附庸。只要我们坚持独立自主、自力更生，既虚心学习借鉴国外的有益经验，又坚定民族自尊心和自信心，不信邪、不怕压，就一定能够把中国发展进步的命运始终牢牢掌握在自己手中。

——节选自《中共中央关于党的百年奋斗重大成就和历史经验的决议》

被摆在现代化全局工作的重要位置。这既是对现代化经验教训的总结，更是对现代化建设规律认识深化的结果，即现代化的深入推进拓展要有历史纵深，要自觉将中华文明纳入中国现代化进程。在对中华优秀传统文化的开发利用中，“中国式”有了全新内涵，展现出新的文明意蕴，中国式现代化获得了坚实物质基础之外的深厚底蕴，其主体性有了深耕的空间。

巩固中国式现代化主体性需向下扎根，造就新的文明体以筑牢道路根基。中国式现代化植根中国大地，坚持独立自主，依循自身资源禀赋，有着鲜明的中国特色。但基于经济基础的决定性作用，中国式现代化在启动时首先展现出的是对共性现代文明——工业化的热切渴求，而西方处于工业文明高地，各国在现代化起始阶段往往会以西方为参照，这是历史先在性造成的客观必然。亨廷顿指出，现代化和西方化密切相连，早期，非西方社会吸收西方要素，西方化促进了现代化；后期，现代化的加速发展则促进了非西方化和本土文化的复兴。固然不能将吸收西方现代文明要素等同于西方化，但描述了一种规律性现象。还需看到，这种转变不是自然而然完成的，依赖主体自觉和客观条件。主体自觉指认识到西方现代化包含着现代文明共性，但它是在西方之为西方，即西方特定文明基础上产生的，所谓共性不是可以直接照搬的，必须同本国文明积淀相结合。在这一点上，中国式现代化始终葆有自觉、没有迷失自我。积厚成势，中国式现代化站在了新的起点上，这要求更加自觉地向下扎根，从根基处巩固其主体性。向下扎根不仅是要使中国式现代化深耕于 5000 多年文明积淀的深厚土壤中，还要求返本开新，根据环境变化改造土质，创造新文明，为中国式现代化提供更加适宜的沃土。惟有根基稳固，才能在大变局中立得住。

（二）推动中国式现代化协调发展创造中国式现代化的文化形态

巩固中国式现代化的主体性必须使现代文明协调发展，使其走得稳。现代化是全方位、整体性的社会变革。没有现代新文化，难言开创全新现代化范式；没有与之相匹配的现代文化形态，中国式现代化不可能稳步前行。习近平总书记在文化传承发展座谈会上提出要造就“新的文化生命体”，“让经由‘结合’而形成的新文化成为中国式现代化的文化形态”。新征程上，文化展现出强大外溢效应，巩固中国式现代化主体性需创造新的文化形态。

中国式现代化包含着现代文化形态，中国式现代化主体性的巩固需要新的文化生命体为之赋能。作为现代化后发者，中国吸取单向度现代化教训，自觉推动现代文明全面发展。在关于“中华民族的新社会和新国家”的最初筹划中，中国共产党就将文化置于现代化建设全局中，毛泽东提出新中国“不但有新政治、新经济，而且有新文化”，要“把一个被旧文化统治因而愚昧落后的中国，变为一个被新文化统治因而文明先进的中国”，要“建立中华民族的新文化”。强国建设、民族复兴离不开文化支撑，并且以文化繁荣兴盛为标识。没有先进文化引领，没有人民精神世界的极大丰富，没有民族精神力量的不断增强，一个国家、一个民族不可能屹立于世界民族之林。中国式现代化是关于当代中国社会经济基础和上层建筑的最高顶层设计，文化作为上层建筑组成部分是现代化的一个构成要件，推进中国式现代化自然要创造相应的文化形态。中国式现代化的文化形态又和新的文明形态内在相关。一方面，二者同宗同源，均主要取材于马克思主义、中华优秀传统文化，形塑于中国当代实践；另一方面，二者同行同向，新的文明形态和中国式现代化的文化形态均是在“两个结合”中为自己开辟发展空间，共同作用于建设文化强国，担负起新时代的文化使命。这种交叠耦合性表明发展中华文明的现代形态和创造中国式现代化的文化形态是同一历史过程的展开。因而，推进中国式现代化，创造中国式现代化的文化形态，也就意味着要推动中华文明现代新生。

文化具有溢出效应，能够超越自身范畴与其他领域联动互促，建构新的现代文明形态需要与之相匹配的文化形态发挥积极作用。文化不仅是作为现代化的一个分支、一种无形力量存在，而且同其他分支相互作用，能够转化为有形力量。一方面，建设中国式现代化的文化形态不仅要使作为现代化组成部分的文化成为现代化的一个支柱，更为重要的是借助文化的溢出效应为其他领域的展开提供强有力的支撑。中国式现代化的文化形态可为全面建设社会主义现代化国家、全面推进中华民族伟大复兴提供坚强思想保证、强大精神力量、有利文化条件。另一方面，中国式现代化的文化形态既是软实力，也是硬实力。中国式现代化的硬实力和软实力在不同阶段起着不同作用，有不同发展空间，呈现不同发展态势。当前，软实力的作用日渐凸显，建设中国式现代化的文化形态更具紧迫性。在现代文明演绎进程中，文化逐步与经济交融，成为新的生产力，在软实力之外衍生出硬实力，以双重力量作用于现代化。巩固中国式现代化主体性需充分激活中华文明内蕴的软实力和硬实力。推进现代化既要有硬实力，也要有软实力，没有先进生产力铸就的硬实力难以在国际力量对比消长中存续，没有软实力则难以在国际秩序建构中赢得话语权。因此，要建设同硬实力相匹配的软实力，创造兼具软硬实力的中国式现代化的文化形态，使文化大国成为文化强国，确保中国式现代化行得稳。

◆ 福建省福州市三坊七巷

福建省福州市中心的三坊七巷，衍脉于晋唐、兴盛于明清。经过几千年的历史积淀，福州形成了以“三坊七巷”文化等为代表的独特闽都文化。三坊七巷历史文化街区位于福州城市中轴线八一七北路西侧，总占地面积约 40 公顷，2009 年入选首批“中国历史文化名街”。它以南后街为中轴，西侧有 3 个坊（衣锦坊、文儒坊、光禄坊），东侧有 7 条巷（杨桥巷、郎官巷、塔巷、黄巷、安民巷、宫巷、吉庇巷），合称三坊七巷。这里人杰地灵，是“闽都名人聚居地”，历史上曾经涌现出 150 位进士、300 多位举人，以及 300 多位影响中国历史进程的杰出人物，如林则徐、沈葆桢、严复、陈宝琛、林觉民等。因此，三坊七巷也有“一片三坊七巷，半部中国近代史”的盛名。

（三）打开中国式现代化创新空间要求激活中华文明优秀因子

巩固中国式现代化的主体性还需在中华文明宝库中开辟面向未来的理论和制度创新空间，使其行得远。中国式现代化的主体性已初步呈现，但主体性的建构是一个历史性过程，需在中国式现代化的创新发展中不断巩固。中国式现代化的原创性发展需向内求索，通过激活中华文明优秀因子创造中国式现代化的文化形态。

中国式现代化主体性的巩固以原创性现代化理论和实践成果为支撑。主体性体现的是特定时空中的自我主张，中国式现代化的主体性不仅具有空间规定，要根植中国大地，赓续中华文明；还具有时间规定，要回应时代之问。正如将中国导向现代化正轨不能机械照搬西方现代化模式，打开中国式现代化的创新空间不能现成地利用历史遗产。5000多年中华文明积淀固然是形塑中国式现代化主体性的宝贵资源，但历史限制了古老文明所能达到的高度，中国式现代化是在不同于塑造这种文明的更高级社会形态中展开的，仅靠历史遗产非但不能巩固中国式现代化主体性，反而会因背离现实而削弱主体性。同时，中国式现代化尚处于进行时，是一个向未来敞开的、不断发展的生命体，其主体性的建构是一个历史性过程，需要持续更新、适应时代要求的新文明为之奠基。从“小康式”现代化步入全面现代化之后，现代化实践中的新情况新问题层出不穷，且问题的复杂程度、解决问题的艰巨程度明显加大，有不少是原有理论难以应对和解决的，若不及时推进创新发展，提出解决问题的新的有效主张，现代化主体性便会受到冲击。因而，巩固中国式现代化主体性需向上生长、推陈出新，创造新文明。

创造具有原创性的新文明需向内求索，激活中华文明优秀因子。为确保主体性存续，新文明必然根本有别于带有时代局限性的传统文明，但这并不意味着创造新文明要离开自身土壤，相反，彰显主体性的文明必须守好“本和源”，“绍汉唐之遗烈”。中华优秀传统文化中很多思想理念和道德规范，不论过去还是现在，都有其永不褪色的价值。中华优秀传统文化是中华文明的智慧结晶，蕴含其中的精华契合人类文明发展规律，不仅与现代社会相协调，也蕴藏着解决人类现代化之问的重要启示，塑造出中国式现代化独特的世界观、价值观、历史观、文明观、民主观和生态观。中华文明是一座“富矿”，是推进中国式现代化的独特资源，但因不同程度的虚无主义，这一资源尚未得到充分发掘和利用。向历史求解，激活中华文明优秀因子，为现代文明的创新发展提供生长点，进而赋予中国式现代化更加鲜明的主体性。打开中国式现代化创新空间，需不断解放思想，从割裂传统与现代的现代化观中解放出来，将中华文明宝贵资源从历史中解放出来。中华文明获得其现代形态，中国式现代化才能巩固其主体性，才能行得远。

建设具有原创性和主体性的现代化需解放思想，“以古人之规矩，开自己之生面”。“开”即是贯通历史，建立起传统与现代的连接点，既是打开传统文明的闭锁形态，将传统视为开放而非封闭系统，并以马克思主义为遵循对中华 5000 多年文明宝库进行全面挖掘、检视和筛选，在结合中激活其中富有生命力的优秀因子；也是打开现代化的创新空间，在更广阔的历史空间中，将中华文明宝贵资源纳入探索面向未来的理论和制度创新中。中华文明别开生面，获得现代形态，同现代文明合流，中国式现代化才能筑牢道路根基、行稳致远。

第四章

彩云长在有新天

——为什么说建设中华文明的现代形态是社会主义精神文明建设的重要内容？

人无精神则不立，国无精神则不强。一个民族的复兴需要强大的物质力量，也需要强大的精神力量。在绵延几千年的发展进程中，中华儿女始终保持着对于富足精神世界的渴求，并在持续赓续中华民族精神血脉、铸就中华民族精神支柱的进程中，推动中华文明迸发出强大生机活力、展现出持久精神魅力。中华文明的丰厚滋养为精神文明建设提供了坚实支撑，构成了社会主义精神文明孕育和发展的重要驱动力量。在新的历史起点上建设中华文明的现代形态，既是对文明形态的新创造，也是在传承基础上的文明新发展，对凝聚共同价值追求、提高社会文明程度、满足精神文化需要有着重要的促进作用，从而使其成为社会主义精神文明建设的重要内容。

一、建设中华文明的现代形态强化社会主义精神文明的生命力、创造力

文明进步是人类社会发展的大趋势，精神文明同样有着随时代进程推进而不断实现新发展的实践样态。经历漫长的文明演进史，中华民族创造出举世瞩目的文明成就，为精神文明的发展提供了坚实有力的资源支撑与动能驱动。换言之，社会主义精神文明基于中华文明母体的滋养而孕育，并在传承中华文明思想资源中成型，于建设中华文明的现代形态的进程中实现新发展。

（一）精神文明是文明的精神形态

文明是一种复杂的现象，在意涵上有着多元的面相。就其生成根源而言，文明的生成可被视为人类本质力量对象化活动的结果，以人类物质和精神生产产物的“浓缩态”形式存在。就其完整意义而言，文明不是对单一领域突破性进展的表征，而是鲜明标识着社会的整体进步。换言之，文明有着多维度、多侧面的体现，并不能用视角单一、领域割裂的方式理解文明。在不同历史时期，文明始终作为一个整体性范畴而存在，由各领域的文明形态新跃迁、文明要素新拓展所堆叠、交融、耦合而形成。

物质形态、制度形态、精神形态是文明的基本形态。人类的历史是文明的历史，文明是“实践的事情”，广泛的实践活动为人类的繁衍、发展提供了基础条件和无限可能，也使得作为实践活动产物的文明具有几乎无所不包的丰富意涵。但就外在表现这一基本维度而言，人之实践活动最直接的效果体现于创造新器物，而这也塑造出文明的基础性、外显性形态，即文明的物质形态。为了解决生产关系调整、劳动成果分配等一系列问题，作为一种规制性力量的制度开始出现，并在长期实践中，逐步形成体系愈加稳定、底层逻辑愈加清晰的制度框架，制度形态的文明随之产生。进而言之，生产力的发展、物质财富的积累不是简单的线性过程，人之为人的思维能力、发展本能与交往需要，决定了伴随实践能力进步而来的不仅是生产力的勃兴，更在于精神生产的发展、精神生活的丰富、精神追求的彰显，使得精神形态的文明成为标记人类社会进步的又一注脚。

精神文明在文明的结构体系中占据重要位置，发挥特殊作用。人的实践活动本身的丰富性、多面性，决定了人类文明创造并非割裂地进行。

物质形态文明的创造是文明得以存续的最基本条件，人类文明的演替都以生产力的快速发展为背景。就其现实影响而言，物质形态文明的发展有着明显的溢出效应，“仓廪实而知礼节，衣食足而知荣辱”，物质财富的积累、社会面貌的改观带来精神文化需要的勃兴，助推精神文明持续向前推进。生产力越发展，精神形态文明发展的要求越迫切。反过来，精神文明浓缩体现着特定时期的思想观念、社会风貌、民族气象，蕴藉着对现实发展的超越性想象、精神性愿景，具有突出的实践引领性。精神形态文明潜隐地弥散于社会空间当中，制约或助推文明的整体性进步。换言之，在发生维度上，精神形态的文明进步立基于物质文明的向前发展；在影响维度上，精神形态的文明状况投射于文明的整体面貌，以其超越性特质发挥着对于文明发展的引领性作用。总而言之，尽管精神形态的文明并不构成文明生命体存续的前提性条件，但依托同物质形态文明的互动、对社会运行逻辑的渗透嵌入，其影响深刻体现于文明的发展进程。

（二）社会主义精神文明在传承中华文明思想资源中生成

精神文明在传承中实现发展，无法脱离于传统而存在。精神文明是人类精神生产的智慧结晶，本质上是人的思维能力外化的结果。马克思、恩格斯认为：“人们是自己的观念、思想等等的生产者，但这里所说的人们是现实的、从事活动的人们，他们受自己的生产力和与之相适应的交往的一定发展——直到交往的最遥远的形态——所制约。”进而言之，人的思维活动的进行无法完全脱离于先在的框架，其在实践中表现为一个在前人智慧基础上不断深化认识的过程。尽管精神生产活动的创造性程度有其高低之分，但在对文化传统与先在框架的依赖上，其具有高度一致性。人无法脱离于所处的环境而创造新文化，同样不可能在完全剥离

传统智慧

1. 仓廪实而知礼节，衣食足而知荣辱。——《管子·牧民》

【释义】老百姓粮食充足了才会懂得礼仪，吃穿不愁了才会知道荣辱。

2. 不患寡而患不均，不患贫而患不安。——《论语·季氏》

【释义】不担心土地人口不足，而担心管治不公平；不担心财富不足，而担心不能安居乐业。

3. 君子不患位之不尊，而患德之不崇；不耻禄之不夥，而耻智之不博。——东汉张衡《应间》

【释义】君子不担心地位不够尊崇，而担心自身道德不够完善；不以收入不够高为耻，而以学识不够渊博为耻。

文明传承的基础上推动文明跃迁。“历史不外是各个世代的依次交替。每一代都利用以前各代遗留下来的材料、资金和生产力”。在其现实形态上，精神文明往往表现为传统与非传统文明因素的复杂纠合，既有文明的传统印记、文化精华附着于其上，同时又以时代性文明要素的创造、传统型文明要素的改造为其支撑。抛却传统、忽视传承就是对精神血脉的割断，精神文明的发展无法站立在文明断裂的废墟上而实现，只能在文明传承的接续性实践中达成。

社会主义精神文明是对中华文明的传承和发展。习近平总书记指出，“当代中国是历史中国的延续和发展，当代中国思想文化也是中国传统思想文化的传承和升华”。泱泱华夏，悠悠千年，中华文明具有突出的连续性，中华民族在几千年的发展进程中创造出了璀璨辉煌的文明盛景，铸就了文化不衰、文明不断的恢宏成就。放眼人类文明发展史，精神文明的作用发挥往往横跨长时间段、贯穿各个方面。一个民族的物质文明成果容易受自然灾害等因素的影响而衰败乃至消失，但精神文明的进步却不会因冲击而倒退。从天下为公、民为邦本的为政之德，自强不息、厚德载物的人文精神，到讲信修睦、亲仁善邻的处世之道，中华文明的丰富内涵不断滋养着中华儿女的精神世界、持续塑造着当代中国人的思维方式，成为中华民族看待历史、认识当下、思索未来的最大观念基底、最深精神依托。源浚者流长，根深者叶茂。社会主义精神文明是社会主义性质的精神文明，更是植根于中国大地、创造自中华儿女的精神文明，不仅为马克思主义“魂脉”的真理力量所支撑，更为中华优秀传统文化“根脉”的博大气韵所塑造，是文明接续传承的产物，而非“抛根去魂”、数典忘宗的结果。对于中华文明丰厚养分的吸收、优秀品格的传承，是社会主义精神文明富有长久魅力、具备不竭活力的基础性前提。

（三）社会主义精神文明在建设中华文明的现代形态中发展

精神文明不是固定不变的静止物，而是不断生长的生命体。人类文明的魅力不在于恒久如一，而在于辉光日新所造就的波澜壮阔。“世界文明历史揭示了一个规律：任何一种文明都要与时偕行，不断吸纳时代精华。”生产力是文明孕育和发展过程当中的最活跃因素，文明的发展以生产力水平的跃升为标志，同时也以此为重要动力。生产力的向前迈进是人类社会演进的基本趋势，生产力变革推动物质文明发展，并呼唤着精神文化发生新变化。物质文明进步的步伐不停，精神文明发展的呼唤不止。不日新者必日退，创新发展是文明演进的大潮大势，璀璨文明成就

◆ 2024 年端午节，十里八乡的龙舟汇聚在猎德涌参加“龙船景”民俗活动

猎德村是位于广东广州珠江新城一座历史悠久的古村。每年端午期间，猎德村民都会遵照岭南龙舟文化习俗，在祠堂和河涌，用各种充满仪式感的“龙船景”展示对端午文化的传承。

中国式现代化是物质文明和精神文明相协调的现代化。每逢端午节，中华大地上龙舟竞渡，波光粼粼的水面上，五彩斑斓的龙舟整装待发。龙舟飞驰，水手们充满激情，桨法整齐划一、配合默契。龙头昂首，象征着中国传统的吉祥和力量，而划桨者们气势昂扬的姿态，则展现了团结协作和勇往直前的精神。

的创造离不开创新精神的持续驱动。尽管文明的发展有其接续性，但其更作为过程性范畴而存在，表现为一个动态化的开放性进程。精神文明的发展同生命体的存续相似，需要持续进行新陈代谢以强化生命力，任何迟疑和停滞都是对精神文明发展潜能及其生命活力的压制。

中华文明的现代形态拓展了社会主义精神文明的发展空间。中华文明有着鲜明的连续性。但连续不是停滞、更不是僵化，而是以创新为支撑的历史进步过程。始终惟一，时乃日新。中华民族有着守正不移、标新创异的文化气质，中华文明在革故鼎新、吐故纳新中持续生长、不断变化。立基于中华文明这一有机生命体之上，社会主义精神文明不是封闭的静态景观，而是开放的、变化的体系。实践也不断证明，只有把社会主义精神文明置放于发展的进程当中，以创新的精神、开放的视野不断赋予其新内涵、拓展其新形式，才能更好地构筑起中华民族共同的精神家园、凝聚起中华儿女磅礴的精神力量。中华文明的现代形态是基于新的文化起点而进行的文明创造，呼唤着中华传统文明的现代转型，要求着当代中国文明发展的整体性跃迁。文化自信的要求、开放包容的态度、守正创新的原则是推动文化繁荣、文明发展的题中应有之义，更是赋予中华文明以新生命的重要支撑。生长于更富生命力、更具时代性的文明土壤之上，社会主义精神文明建设的资源供给更加丰厚、创新活力更加强劲、发展空间更加广阔，必将伴随中华文明的现代形态的成长而实现新发展。

二、以文铸魂：建设中华文明的现代形态凝聚共同价值追求

凝聚共同价值追求是社会主义精神文明建设的关键环节。是否拥有具备强大感召力和凝聚力的核心价值观，是一个国家精神力量强大与否

的核心影响要素，也是衡量其整体实力的重要尺度。立足坚实文化土壤，秉持开放包容精神，社会主义核心价值观体现着社会主义的本质要求，具有引领价值共识、汇聚精神合力的强大能力。中华民族有着特质鲜明的价值理念、赓续不断的价值传承，建设中华文明的现代形态为培育和践行社会主义核心价值观提供有力支撑。

（一）培育和弘扬社会主义核心价值观是凝魂聚气、强基固本的基础工程

核心价值观承载着一个民族、一个国家的精神追求。作为人之精神世界的重要支柱，价值观表现为个体所具有的稳定的价值标准和判断取向，发挥着规范行为、调节观念等重要作用。价值观虽然以不可见的方式存在，但其影响却覆盖了全部的个体实践和社会生活。习近平总书记指出："人类社会发展的历史表明，对一个民族、一个国家来说，最持久、最深层的力量是全社会共同认可的核心价值观。"由于利益诉求、阶层状况等方面的差异性，社会空间当中存在着多种多样的价值取向，但这一多样性并不能遮盖共同价值追求的重要性，和普遍价值共识存在的客观性。作为全体社会成员的价值观念"最大公约数"，核心价值观是一个国家、一个民族之精神追求的集中体现，展示着社会成员的共性价值判断、共通价值理解，构成了一个社会回应价值冲突、作出价值抉择的根本依循，充分体现着社会成员评判是非曲直的价值标准。一个缺失了核心价值观的国家无法立基，一个缺乏了共同价值追求的文明注定无法实现长期存续。维护并不断强化主流价值观的感召力、引领力，是一个社会凝聚强大力量、实现稳定发展的重要前提。"如果一个民族、一个国家没有共同的核心价值观，莫衷一是，行无依归，那这个民族、这个国家就无法前进。"核心价值观是社会共识强化的"助推剂"，也是化解社

会分歧的“减压阀”，以柔性方式塑造并放大着社会成员间价值共振、情感共鸣。

培育和践行社会主义核心价值观关乎长远，是社会主义精神文明建设的重要基础。核心价值观的确立既是对共识需求、价值冲突的回应，也是对社会文化传统、价值观念的传承接续。只有立足本国文化土壤、着眼现实需要，才能使核心价值观不浮于表层、不陷于说教，真正发挥好凝魂聚气的积极作用。社会主义核心价值观，不仅体现了社会主义的本质要求，也承继着中华文明所蕴含的丰富价值理念精华，并且深切观照着当代中国发展实际，展示出了显著的科学性、真实性和人民性。立足深厚的文化滋养和坚实的现实基础，社会主义核心价值观从国家、社会和公民 3 个层面集中展现着当代中国精神之精髓，是社会主义精神文明及其鲜明特质的展示窗口。站在推进和拓展中国式现代化建设的新起点上，强国建设、民族复兴是一项伟大事业，需要以磅礴力量为支撑、以广泛共识为基础。作为当代中国人的共同精神追求，社会主义核心价值观能够以矫正价值偏差、确证价值选择、促成价值合力的方式整合思想观念、弥合价值分歧、糅合价值取向，凝聚起奋进新时代的共同信念，为中国式现代化建设的持续推进提供力量保障、价值支撑、观念引领。

（二）中华文明彰显优秀价值理念

价值观念是精神文明的核心要素。纵观人类文明发展史，文化的表现形态多样、文明的呈现样态各异，差异性是理解文明发展状况的重要线索。在外显形态存在显著差异的同时，不同价值观念在形塑文化样态、引领文明发展这一维度上，则具有高度的一致性。换言之，价值观念是文化的深层因素，也是文化得以立身，并形成其自身独特性的重要基础。尽管文明的发展时间有其先后、文明的创造成果并非等量齐观，但任何文化生命体都有其相应的价值观念作为支撑，任何文明的演替都蕴藉着一定的价值基因传递。价值观念的差异在相当程度上决定着文化表现的差异，进而促成文明发展形态的分野。有什么样的价值理念，就有什么样的文化气象。价值观念是社会运行的“底层密码”，更是文明成其自身的重要依凭，浸润性地塑造着文化的基本精神、特殊风貌，是理解文化何以形成、文明何以运行的重要线索。在精神文明的框架体系下，价值观念构成了影响社会精神风貌、人民精神世界的关键性力量。

中华文明绵延几千年，蕴含丰富的优秀价值基因。牢固的核心价值观，都有其固有的根本。社会主义核心价值观生长于中华文明的丰厚土壤之上，为中华儿女所接续传承、不断发展的价值理念所滋养。回顾中华民族的文明发展史，从“义利之辨”到“杀身成仁”，中华儿女自古以来就有着寻求精神世界富足、渴求精神超越的崇高追求，强调“自天子以至于庶人，壹是皆以修身为本”。中华民族把对理想精神境界的向往纳入到个人成长、社会运行的框架之中，将其定位为人之成人、国之立国的重要保障。每个时代都有每个时代的精神，每个时代都有每个时代的价值观念。从“君子喻于义”“君子坦荡荡”“君子义以为质”，“言必信，行必果”“人而无信，不知其可也”，到“己所不欲，勿施于人”“出入相友，守望相助”“老吾老以及人之老，幼吾幼以及人之幼”，在长期的文明赓续进程中，中华民族的知识智慧和理性思辨不断升华结晶，推动中华文明形成了独特的价值体系。这一独特价值体系深刻嵌入中华儿女的精神世界，深度影响着当代中国人思索自身、看待他人、审思社会的理解角度和思维方式，成为社会运行、文明发展的重要价值底色，是中华文明区别于其他文明的显著标识之一。

经典文献

☆社会主义核心价值观是社会主义核心价值体系的内核，体现社会主义核心价值体系的根本性质和基本特征，反映社会主义核心价值体系的丰富内涵和实践要求，是社会主义核心价值体系的高度凝练和集中表达。

☆党的十八大提出，倡导富强、民主、文明、和谐，倡导自由、平等、公正、法治，倡导爱国、敬业、诚信、友善，积极培育和践行社会主义核心价值观。这与中国特色社会主义发展要求相契合，与中华优秀传统文化和人类文明优秀成果相承接，是我们党凝聚全党全社会价值共识作出的重要论断。富强、民主、文明、和谐是国家层面的价值目标，自由、平等、公正、法治是社会层面的价值取向，爱国、敬业、诚信、友善是公民个人层面的价值准则，这 24 个字是社会主义核心价值观的基本内容，为培育和践行社会主义核心价值观提供了基本遵循。

——节选自《关于培育和践行社会主义核心价值观的意见》

（三）在建设中华文明的现代形态中增强核心价值观的感召力

建设中华文明的现代形态，保证和强化价值观独立性。精神上的独立自主是政治、经济等独立自主的基础，保证这一独立性是一个民族、一个国家实现长远发展的重要前提。无数反面案例表明，精神上随波逐流、文化上委身于人，必然导致民族精神的消弭、文化特性的消解，进而影响文明存续、社会运行。进而言之，作为精神文明的核心要素，价值观念的独立性萎靡更具有破坏性。当前，世界范围内的价值观念交锋更趋激烈，“普世价值”等极具迷惑性的话语陷阱层出不穷，企图以单一性价值标准取代多样性价值观念。但事实不断证明，价值观的形成是历史文化因素、现实国情因素，乃至自然条件因素综合作用的结果，并不能游离于一定的文化土壤、文明基底而孕育成长。“天下同归而殊途，一致而百虑。”世界上不存在“普世”的价值标准，同样也无法设想以同一个价值尺度观照差异化的国情、多元化的文化。社会主义核心价值观蕴含着中华文明的智慧结晶，充分彰显着中华优秀传统文化的价值基因，这是其保持自身独特性的重要依据。中华文明的现代形态是中华民族传统文明的现代转型和生命更新，是在新的历史起点上的文明延续。建设中华文明的现代形态，是对社会主义核心价值观生命力的持续滋养，以更富时代魅力、文明精神的价值理念供给支撑其更好地发挥凝魂聚气作用。

建设中华文明的现代形态，广泛培育和践行社会主义核心价值观。社会主义核心价值观是凝聚人心、汇聚民力的强大力量。在实现强国建设、民族复兴的新时代新征程上，需要一代又一代人付出艰辛努力。作为全体社会成员精神追求的集中表达，社会主义核心价值观的聚合作用更加重要。在价值观念维度，建设中华文明的现代形态就是要构建充分反映中国特色、民族特性、时代特征的价值体系，推动优秀传统价值理念的时代化表达、创新性阐释，使社会主义核心价值观真正融入社会生活，成为人们可感知、易理解、可践行的价值依循。具体而言，就要把社会主义核心价值观教育贯穿国民教育、精神文明创建、精神文化产品创作生产传播全过程，拓展其价值宣导的传播空间、辐射范围，在全社会形成自觉践行社会主义核心价值观的良好氛围，使其真正像空气一样无处不在、无时不有。充分发掘中华文明所蕴含的优秀价值基因，在传统与现代、历史与现实的整合中，在同人们日用而不觉的传统价值观念的结合中，在同时代发展要求、现实价值状况的契合中培育社会主义核心价值观，使其价值观念更富吸引力、更具感召力。总而言之，中华文明的现代形态建设是对中华优秀传统文化价值理念的传承发展，内蕴现代化价值观念调适、大众化价值认同形塑的客观要求，构成了培育和践行社会主义核心价值观的新动力来源。

三、以文育德：建设中华文明的现代形态助力社会文明程度提高

提高社会文明程度是社会主义精神文明建设的重要依托。文明是现代化国家的显著标志，国家的长期发展、民族的持续进步在相当程度上受到整体思想道德水平、社会文明风尚的影响。中华文明蕴藉丰厚的优秀道德理念、传统道德资源，为新时代的思想道德建设、社会风貌塑造提供了坚实支撑。以推动中华优秀传统文化创造性转化、创新性发展为支点，建设中华文明的现代形态能够拓展提升社会文明程度的新空间。

（一）提高社会文明程度是全面建设社会主义现代化国家的重要目标

社会文明程度是展现精神文明的重要窗口。精神文明不是悬浮于实践之上的他者，而是寓于社会实践之中并以实践的方式展现出来的，有其可感的表现、可见的形态。文明本身即带有由无序向有序、由野蛮的

自然状态向现代的社会形态转变的意涵，精神文明则更加明确地指向于人之精神层面的发展、社会秩序的规制性，表征着社会整体文明素养获得进步的基本趋势。进而言之，精神文明深度嵌入社会的运行，其影响覆盖社会生活的各个环节、不同侧面。不同性质、不同水平精神文明之间的差异性，在相当程度上表现为社会文明程度的高低、社会文明风貌的好坏。就其现实展开而言，社会文明程度是对一个社会及其成员所具有的文明素养、呈现的文明表现、展示的文明风尚，尤其是社会道德水平的整体性、概要性描述。尽管社会文明程度本身并不能完全覆盖精神文明的丰富内涵，但却构成了理解精神文明的重要窗口。

在物质文明和精神文明协调发展中提升社会文明程度。中国特色社会主义是一项整体性的事业，不仅要求物质水平、经济实力的快速增长，也要求精神文明实现协同发展、达到整体性提升。习近平总书记强调："只有物质文明建设和精神文明建设都搞好，国家物质力量和精神力量都增强，全国各族人民物质生活和精神生活都改善，中国特色社会主义事业才能顺利向前推进。"一个国家的发展不能仅以物质财富的积累为目标，一个文明的进步无法仅依赖物质文明的发展以实现。现代化是世界各国的共同追求，但在具体实践路径上存在着因基本国情、历史传承等因素而造成的差异。物质富足、精神富有是社会主义现代化的根本要求，中国式现代化有着物质文明和精神文明协调发展的显著特质，既把强化现代化的物质基础作为内在追求，同时也注重人的精神世界的发展，把丰富人民精神世界作为本质要求，走出了一条物质全面丰富和人的全面发展齐头并进的现代化新路。社会主义现代化强国不仅要在物质上强，更要在精神上强。以中国式现代化全面推进强国建设、民族复兴，要求把实现更加富足的精神生活作为重要目标，以人民精神世界的丰富发展带动社会文明程度的整体性提升。

延伸阅读

4月23日是英国文学巨匠威廉·莎士比亚诞辰纪念日，同时也是“世界读书日”。1972年，联合国教科文组织向全世界发出“走向阅读社会”的召唤，并于1995年宣布每年的4月23日为“世界读书日”，提出“让世界上每一个角落的每一个人都能读到书”，同时致力于向全世界推广阅读、出版和对知识产权的保护，其全称为“世界图书与版权日”，又称“世界图书日”。从此，每年的4月23日，世界100多个国家都会举办各种各样的庆祝和图书宣传活动，“爱读书、读好书、善读书”的氛围愈加浓厚。

中华民族素有崇尚读书的优良传统与文化基因，讲究读书修身、耕读传家、诗书济世。历史上，“悬梁刺股”“凿壁偷光”“然荻读书”“韦编三绝”等劝学读书的故事不胜枚举，“立身以立学为先，立学以读书为本”“读万卷书、行万里路”“人家不必论贫富，惟有读书声最佳”的古训，世世代代滋养国人。全国国民阅读调查结果显示，从2012年到2022年，10年间，我国成年国民综合阅读率从76.3%上升至81.8%，提高了5.5个百分点。

（二）中华文明蕴藉丰厚精神滋养

中华文明是优秀道德理念的富集体。中华民族历来有着把提升道德境界纳入人生理想之中的传统，中华儿女始终具有以道德约束自身、以伦理看待关系、以道义衡量价值的思维模式和行为方式，强调“道德当身，故不以物惑”。中华文明的演进为绵延几千年的丰富道德实践所支撑，内蕴着道德理念的长时段传承和长时间发展。在长期的孕育成长过程当中，中华民族形成了“讲仁爱、重民本、守诚信、崇正义、尚和合、求大同”等思想，自强不息、敬业乐群、扶正扬善、扶危济困、见义勇为、孝老爱亲等传统美德。中华民族长期秉持“不义而富且贵，于我如浮云”的道德判断，始终坚守“德不孤，必有邻”的道德信念，时刻恪守“从善如登，从恶如崩”的道德警醒，不断强化“己所不欲，勿施于人”的道德底线，高度崇尚“俯仰无愧”“止于至善”的道德理想，等等。纵观中华文明的发展，中华儿女一直把对高尚道德境界的热切而执着的追求附着于“君子”“圣贤”“圣人”等意象之上，并将此确认为人之成长的理想人格、实践楷模、精神向往，时刻以道德标准作为行事的重要依循，注重对道德理念的践履和省思，使得中华文明成为优秀道德理念的富集体，浓缩地展示着中华民族的道德情操、精神追求。

中华文明蕴含的丰富思想精华和道德精髓历久弥新。道德作为观念上层建筑而存在，为一定经济基础所决定，受到特定历史时期的生产关系状况及社会政治制度等因素的影响。毋庸讳言，传统道德随中华民族的历史演替而生长，有着不同历史时期的时代烙印附着其上，表现出显著的阶级性和历史性。但对于传统道德的价值评价应当置放于整体性的视角下，将其思想精华、道德精髓同落后的、糟粕性的道德元素区分开。中华文明的发展是体现创新性和包容性的过程，既在适应时代要求、反映时代发展的过程当中实现自我升华，同时也在开放胸怀、包容品格的支撑下不断完善体系。中华文明所蕴藉的优秀道德元素是经过长期淬炼、经受时代检验的浓缩性产物，其精神要旨指向于塑造良好道德品质、培育健康生活情趣，不仅传承了崇尚气节、崇尚严谨、崇尚务实等优秀观念，同时也发展了讲良知、守信用等先进理念，构成了当代中国人实现精神世界丰富发展、达成道德修养提升完善的重要滋养，能够为提升社会文明程度贡献丰厚养分，具有历久弥新的永恒魅力。

（三）在建设中华文明的现代形态中提升社会道德水平、培育社会文明风尚

建设中华文明的现代形态拓展提升社会文明程度的新空间。“精神文明表征着伦理道德和人类智慧的整体发展状态。”社会文明程度的提升是精神文明建设的必然要求，也是不断推动人的现代化进程的题中应有之义。国无德不兴，人无德不立。梁启超说：“国之见重于人也，亦不视其国土之大小，人口之众寡，而视其国民之品格。”道德水平的提升、文明风尚的培育是实现人的现代化发展、达成文明现代化转型的必由之路。建设中华文明的现代形态，就是赋予中华民族传统文明以现代性的过程，既内在体现着传承传统文明的要求，也内蕴着对新文明要素的拓展完善。在社会文明这一维度上，建设中华文明的现代形态体现着对传统的自觉性扬弃，表现为对中华优秀传统道德观念的传承与超越，并以一个不断展开的、开放式的道德观念体系为其重要产物。精神文明的渐进式发展是人类文明大趋势，社会文明程度的提升没有终点，只有连续不断的新的起点。以动态化视角观之，建设中华文明的现代形态进程同道德水平的提升、社会风尚的培育相伴而行、相互支撑，为社会主义精神文明建设注入新鲜活力、提供丰厚滋养。

在推动中华优秀传统文化创造性转化、创新性发展中提升社会文明程度。推动中华优秀传统文化“双创”是建设中华文明的现代形态的基础性要求，能够助力于中华文明生命力和活力的提升，为人民道德水准和文明素养的提高创造条件。具体而言，创造性转化，就是要按照时代特点和时代要求，对那些至今仍有借鉴价值的文化元素加以改造，赋予其新的时代内涵和现代表达形式，激活其生命力。推动中华优秀传统文化创造性转化，就是要立足新的文化实际，实现传统文化意涵的时代性延伸和表达的时代性转换，让传统文化蕴含的丰富精神文明基因“活”起来，使其具有可感易知的崭新面貌。这一转化过程使得传统家风家教、优秀道德观念等获得新的生命活力，孕育着培育时代新风新貌、营造文明社会氛围的新可能。创新性发展，就是要按照时代的新进步新发展，对中华优秀传统文化的内涵加以补充、拓展、完善，增强其影响力和感召力。推动中华优秀传统文化创新性发展，就是依托文化内涵的更新以推动传统文化向现代文化的形态转型，使得中华优秀传统文化所凝结着的优秀思想道德资源和向上向善力量更富时代气息、更具发展潜能。这一发展过程能够助推中华传统美德完成意涵的时代化转换，使得崇德向善、积极向上社会气象的存在具备更为坚实的基础，助力于社会文明程度的稳步提升。

四、以文惠民：建设中华文明的现代形态满足精神文化需要

满足人民美好精神文化需要是社会主义精神文明建设的基础性支撑。中国特色社会主义新时代，是人民美好精神生活向往更加强烈、美好精神文化需要更加凸显的时代。建设中华文明的现代形态，内在包含着传

承中华文明、坚守中华立场，持续生产高质量精神文化产品、不断供给高质量公共文化服务的要求，为充盈人民精神文化生活、丰富人民精神世界提供新动力。

（一）美好精神文化生活是人们美好生活向往的重要内容

社会主义精神文明建设以满足精神文化需要为内在要求。精神文明建设的主体是人、结果体现于人，丰富人的精神体验、充盈人的精神世界是精神文明建设的落脚点所在。社会主义精神文明是社会主义框架下的精神文明类型，体现着社会主义的本质要求，更有着鲜明的人民性。这一特性使得社会主义精神文明建设更加关注于人，使其显著区别于西方国家的精神文明发展轨迹。西方国家的现代化是以资本为中心的现代化，有着“见物不见人”的显著特征。在西方国家长期的现代化实践当中，精神贫乏的加剧与物质财富的积累同时发生，物质富足与精神失落的张力持续扩大，人们的精神文化需求未能得到重视并满足。换言之，在重物质、轻精神的西式现代化模式之下，人本身不是目的，物欲的持续膨胀挤压着精神生活的存在空间，精神文化需求满足的重要性让位于物质财富的攫取，从而造就了一代又一代患上了“精神贫血症”的“单向度的人”。今天，西方国家日渐陷入困境，一个重要原因就是无法遏制资本贪婪的本性，无法解决物质主义膨胀、精神贫乏等痼疾。社会主义精神文明建设属于社会主义现代化的基本范畴，其将人视为目的，把人的精神文化需要放在重要位置加以满足。

精神文化需要是美好生活需要的文化维度表现。中国特色社会主义进入新时代，我国社会主要矛盾发生了新的变化。“供给侧”和“需求侧”的协同变化，推动人民各方面需要从“有没有”向“好不好”的转变。这一变化体现在多个方面，浓缩地展示了经济社会长期快速发展条件下，人

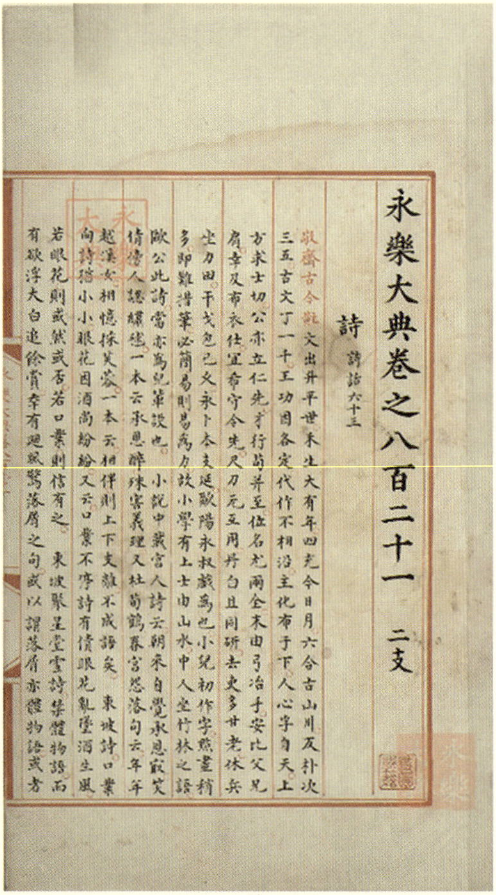

永樂大典卷之八百二十一　二支
詩　詩話六十三
敬齋古今黈　文出升平世未生大有年四光今日月六合古山川反朴次
三五古文丁一千王功固各定代作不相沿主化布于下人心字自天上
方求士切公亦立仁先才行萬并至位名尤兩全未由弓冶于安比父兄
肩幸及布衣仕宜希守令先尺刀元互用丹白且同研去吏多廿老休兵
尘力田干戈包乙文永卜本支廷歐陽永叔戲為也小兒初作字點畫稍
多卽難潜筆必簡易則易為力故小學有上士由山水中人坐竹林之語
歐公此詩當亦為兒輩設也　小說中載宮人詩云朝來自覺承恩嵗笑
倩傍人認蝶鬟一本云承恩醉殊害義理又杜荀鶴春宮怨落句云年年
越溪女相憶採芙蓉一本云相伴則上下支離不成語矣　東坡詩口業
向詩猶小小眼花因酒尚紛紛又云口業不停詩有債眼花亂墜酒生風
若眼花則或然或否若口業則信有之　東坡聚星堂雪詩禁體物語而
有欲浮大白追餘賞幸有廻飆驚落屑之句或以謂落屑亦體物語或者

◆《永乐大典》高清影像数据库呈现的数字化内容

数字人文是研究者采用数字技术来解决人文领域研究问题的跨学科实践。在文化遗产保护利用方面，数字人文发挥着不可替代的作用。通过平面和立体扫描、智能文本识别，可以完成古籍文献、艺术品甚至建筑的数字化数据采集，形成稳定安全可靠、可重复利用、获取便利的数字资源。

民美好生活向往的内涵拓展。美好生活向往覆盖社会生活方方面面，美好精神生活向往构成了其在文化维度上的表现。经历长期发展，中国特色社会主义文化发展道路的显著优势持续彰显，人民精神文化生活的丰富性日益增强，公共文化服务的覆盖面进一步扩大，文化领域呈现出积极的发展态势。但与此同时，需求侧方面，在生存性需求已经得到满足的基础上，发展性需求的生长更加旺盛，人民对富足精神世界、充盈文化生活的向往更加迫切。供给侧方面，发展不平衡不充分问题在文化领域也有其体现，文化资源分布不均、文化服务覆盖不全、高质量文化产品供给不足等问题更加突出，成为制约人民美好精神生活需要满足的主要因素。现代化的本质是人的现代化，人的精神生活的富足与否是衡量人的全面发展水平的重要尺度。在现代化建设的语境之下，满足人民美好精神文化需要的重要性更加凸显，而这也对精神文明建设提出了更高的要求。

（二）中华文明承载丰富文化资源

中华文明是中华文化传承发展的结晶。文明是一个总体性概念，是对特定历史阶段社会整体发展状况的宏观描述，包含了生产力发展状况、精神生活发展现实等多重构成因素，并以精神生产领域的成就为其突出表现。任何文明都不是耸立于文化荒漠之中的，而都是立基于文化的繁荣发展，同时以文化生命力的持续彰显作为文明实现进步的重要前提和基础。进而言之，精神文明更加以文化为底色而孕育形成。尽管精神文明以道德观念、价值理念等为核心内涵，但文化是作为必要介质而存在着的，是精神文明之思想精华、道德精髓的承载物。换言之，思想性、精神性因素无法独立存在，而必须以一定的文化形式作为其呈现介质，保证其在社会空间内的扩散和时序框架下的传承。中华文化源远流长，积淀着中华民族最深层的精神追求，代表着中华民族独特的精神标识，为中华民族生生不息、发展壮大提供了丰厚滋养。几千年来，中华民族的生生不息是中华儿女接续奋斗的结果，更是持续传承历史文脉、赓续文明传统的重要产物，文化传承不断、文明更新不止是中华民族长久屹立于世界民族之林的根源之一。作为中华文化优秀元素的聚合体，中华文明蕴藉着极为丰富的文化因子。

中华文化具有旺盛生命力、持久影响力，是精神文明建设的宝贵资源。文化是最需要创新的领域，当今世界有200多个国家和地区、2500多个民族，回顾人类发展的数千年历史，无数民族在其繁衍存续的过程当中创造了灿烂的文明成果，取得了辉煌的文明成就，但有相当多的民族却在文化的创新性衰减中走向了文明发展的徘徊，以至于酿成了文明迅速绝迹、文化长期失落的悲剧，导致本民族的文化血脉随之断裂、消解。与之相对比，中华民族是有着强烈创新精神的民族，不仅在文明的开创期孕育出独特的文化萌芽，同时也在漫长的民族发展史中始终致力于文化精神的创新、文化元素的改造，使得中华文化始终处于生长进程之中，创造了一个传承悠久而又生机勃勃的文化生命体。习近平总书记指出："优秀传统文化是一个国家、一个民族传承和发展的根本，如果丢掉了，就割断了精神命脉。"中华文化内蕴的创造性文化精神、开放性文化品格最终表现在其旺盛的生命力、不竭的新活力、持久的影响力上，使得当代中国有更加充足的底气、充分的自信传承中华优秀传统文化，也有着更加丰厚的养分供给以推动新的时代条件下的精神文明建设。中华优秀传统文化的魅力贯穿古今，中华文明的丰厚养分滋养一代又一代中华儿女，新起点上的社会主义精神文明建设具有无比坚实的文化基础。

（三）在建设中华文明的现代形态中赋能高质量精神文化生活

建设中华文明的现代形态夯实高质量精神文化生活的基础。中华文明的现代形态是传统与现代的有机结合，“是植根中华优秀传统文化、具有中华文化主体性的文明”。中华文明的现代形态既在传承中华文脉中展示“传统中国”的恒久魅力，又在创新文明形态中呈现“现代中国”的时代气息，在文化维度上表现为对优秀文化基因的赓续、对先进文化内涵的发展。立足传统之基，中华文明的现代形态将汉唐气象、宋元韵致、明清风华赋予文化实体，使“历史中的中国”走进“现实中的中国”，让中华文化的精神血脉滋养当代中国人的精神生活发展，为稳固人们精神世界的文化之根提供资源和素材。着眼现代之体，中华文明的现代形态将文化理想、理性精神、时代思考、文明愿景注入文化生命体之中，使“现代的中国”眺望“未来的中国”，让中华文化的创新元素激活当代中国人的精神创造潜能，为拓展人们精神世界的文化边界提供无限可能。当代中国是历史中国的延续和发展，当代中国思想文化也是中国传统思想文化的传承和升华。中华文明的现代形态在传递中华民族精神追求、传承中华民族精神财富、活化中华民族精神标识的过程中，为当代中国人的精神生活丰富发展创造条件。

建设中华文明的现代形态推动高质量精神文化生活新发展。中华文明的现代形态是社会主义文明，以人民为中心是其鲜明的价值底色。这就决定了，建设中华文明的现代形态必须把满足人民精神文化需求、保障人民精神文化权益作为重要要求，把增强人民精神力量、丰富人民精神世界作为重要落点。满足人民过上美好生活的新期待，必须提供丰富的精神食粮，让人民享有更加充实、更为丰富、更高质量的精神文化生活。在这一维度上，建设中华文明的现代形态，就是要立足中华文化根基、坚守中华文化立场，将中华文明优秀基因、文化血脉融入新时代文化发展的进程当中，创造更多更丰富的精神文化产品、提供更公平更普惠的文化服务，助推中华民族共有精神家园的发展。具体而言，就需要不断发展文化事业和文化产业，健全现代文化产业体系和文化市场体系；持续推动公共文化服务均等化，健全现代公共文化服务体系；推动社会主义文艺繁荣兴盛，提供更多体现文化传承、展现时代风貌的优质作品。总而言之，建设中华文明的现代形态在多个维度上赋能于高质量精神文化生活的发展，并集中体现在以高质量精神文化产品的生产适应精神文化需求的新变化，以高质量公共文化服务的持续普及破解精神文化资源的相对失衡难题。

第五章

弦歌不绝换新颜

——如何理解中国式现代化赋予中华文明以现代力量？

中华文明的现代形态是中华传统文化的当代展现。正是这样一个古老文明在经历过又一次冲击和挑战后，再次浴火重生，并在现代化进程中不断激发新的活力、显示出新的勃勃生机。与中国传统社会相比，中国式现代化不仅赋予中华文明更坚实的物质基础、更主动的精神力量，而且赋予中华文明更完备的制度保障、更开阔的国际视野和更重大的国际担当。

一、中国式现代化赋予中华文明更坚实的物质基础

经济基础决定上层建筑，中国式现代化给中华文明提供物质基础支撑。马克思主义认为，社会主义是建立在现代化大生产基础上的。列宁也强调："社会主义的唯一的物质基础，就是同时也能改造农业的大机器工业。"我国是在半殖民地半封建的基础上经过新民主主义革命和社会主义改造建立起社会主义制度的。在起始阶段，物质基础薄弱，诸多领域"一穷二白"，建立社会主义本来就是为获得比资本主义制度更快更好的发展，先进的生产关系和现代文明形态不能长期建立在落后的生产力的基础之上。中华民族传统文明只有经过经济基础的脱胎换骨，才能彻底完成向现代文明的华丽转身。因此，推进现代化建设，以中国式现代化赋予中华文明更坚实的物质基础，具有特别重要的意义。

（一）中华文明的现代形态对传统文明形态的创新发展

人类社会是一个内容丰富的大系统，可以按照不同的线索、不同的

视角进行观察和理解。马克思主义认为，社会经济形态的发展是一种自然历史过程。依据社会经济形态可以把社会划分为自然经济、商品经济、产品经济（或时间经济）3 种形态。此外，人们也常把历史上产生的经济形态分为原始经济、农业经济、工业经济以及信息经济等。农耕需要湿润适宜、光照充足的地域条件，古老的农耕地带主要集中在北纬 20 度至北纬 40 度，四大文明古国就是农耕文明的典型代表。中华优秀传统文化的主体是建立在汉族的农业经济基础上的。

文明的主体内容包括国家管理理念、人际交往理念以及语言、戏剧、民歌、风俗及各类祭祀活动等。中华文明的诸多特色与这种农业经济形态紧密相关。农耕带来稳定的收获和财富，这不仅造就了相对富裕而安逸的定居生活，还为进一步衍生出高雅的精神文化奠定了基础。农耕社会需要和谐安居、顺天应命、辛勤劳作，天然抗拒了无挂碍的游荡和掠夺征服。中华优秀传统文化强调天人和谐，重视血缘和泛家庭关系，家国同构，相对而言，商业社会则更重视陌生个体之间的自由合作和明文契约。农业文明形态的持续稳定也是中华文化绵延不断、长盛不衰的重要原因。中国早就确立了“民惟邦本”的治国理念和“选贤举能”的官僚选拔制度，这是对国家进行有效管理的稳定的社会基础。尽管也曾不断与周边的渔猎、游牧和商业文明进行接触、碰撞，中华传统文明的主体基础长期以来都是农业社会，直到中华人民共和国成立，中国毫无疑问依然是一个急需实现彻底工业化的农业国。

中国大一统体制下的农业文明，其物质生产力曾长期处于世界前列。唐代长安城面积超过 80 平方公里，人口超过 100 万。北宋时国家税收峰值达到 1.6 亿贯，是当时世界上最富裕的国家。那时，伦敦、巴黎、威尼斯、佛罗伦萨的人口都不足 10 万，而中国拥有 10 万人口以上的城市近 50 座。后来，由于专制和封闭，中国开始落后西方。在工业革命后，中国与西方的差距开始加大，帝国主义的兴起更是让中华文明开始遭受各种痛苦磨难。

面对数千年未有之大变局，中华民族无数仁人志士都开始思考并探索中国走向现代之路，工业救国、实业救国、教育救国的口号此起彼伏。中国共产党成立，作为开天辟地的大事变，真正开启了中国式现代化和中华民族伟大复兴的征程。新中国成立后，在中国共产党的领导下，我国工业化取得了巨大成功，积累了更加丰厚的物质基础。在现代化物质生产力的加持下，中华文明的传承以多种形式与时俱进，为中华文明的创新发展提供了重要物质支撑。

（二）中国式现代化使中华文明的经济基础发生了根本变化

中国共产党始终把推进中国的现代化作为自己的光荣使命。中国共产党的历次全国代表大会，都从不同角度强调现代化建设问题。毛泽东强调："中国工人阶级的任务，不但是为着建立新民主主义的国家而斗争，而且是为着中国的工业化和农业近代化而斗争。"新中国成立后，党提出"把我国建设成为一个具有现代农业、现代工业、现代国防和现代科学技术的社会主义强国"。改革开放以来，党提出"三步走"战略，提出到 21 世纪中叶人均国民生产总值达到中等发达国家水平，基本实现现代化。党的十九大报告明确提出，"分两步走在本世纪中叶建成富强民主文明和谐美丽的社会主义现代化强国"。

需要特别注意的是，新中国是在半殖民地半封建的长期战乱的废墟上建立的，是一个落后的传统农业国家。当时农业产值占总产值的 87%，有限的工业发展也存在着严重的不平衡，其中东北地区的钢铁产量占全国的 90% 左右，煤炭占 50%，电力占 78%，水泥占 66%，其他地方几乎没有重工业。轻工业则主要集中在几个有限的沿海地区，上海和天津两

延伸阅读

新中国成立后，1949—1957年是国民经济恢复和“一五”计划时期，是中国历史上经济发展比较快的时期。一方面，仅用3年的时间，就在战争废墟上恢复了国民经济，工业生产迅速增长。1949—1952年，工业总产值由140亿元增加到343亿元，同比增长1.45倍，年均增长34.8%。同时，在整个“一五”期间，我国工业生产取得了巨大成就。其中最突出的标志，是新中国接受了苏联和东欧国家的资金、技术和设备援助，建设了以“156项”为核心的近千个工业项目。在这些骨干项目的带动下，工业快速建立起来。“一五”期间，我国工业增加值年均增长19.8%，农业年均增长3.8%。工业生产增长明显快于农业。在工农业总产值中，工业的比重由1952年的43.1%，提高到1957年的56.7%，上升13.6个百分点。这些项目的建成投产，建立了一系列新的工业部门，在中国大地上史无前例地形成了独立自主的工业体系雏形，奠定了社会主义工业化的初步基础。

个城市的轻工业产值占到全国总量的63%。

新中国成立后，经过30年的努力，我国建成了独立的、门类比较齐全的工业体系。1952—1980年，工业投资累计达39519亿元。由于我们实行的是高积累政策，社会主义工业化所需的原始积累只能靠自己内部尤其是靠从农业当中获取，以农民占绝大比例的人民群众的生活改善程度相对较小。改革开放后，人民群众的生活水平迅速提高，日用品消费从匮乏到富足。2018 年，城镇居民人均猪肉消费量和蛋类消费量比 1956 年分别增长 9 倍和 2 倍；人均奶类消费量比 1985 年增长 5 倍。1978—2018 年的 40 年间，我国居民人均可支配收入由 171 元增加到 2.6 万元，中等收入群体持续扩大。2017 年，党的十九大把精准脱贫作为三大攻坚战之一，2021 年完成了消除绝对贫困的艰巨任务。

进入新时代以来，我国经济进入高质量发展的新进程。经过 70 多年的积累，中国已经成为全球唯一拥有联合国产业分类中所列全部工业门类的国家，建成了包括 41 个工业大类、207 个工业中类、666 个工业小类，从食品、纺织、家具，到工程机械、航空航天的全工业门类体系。尤其是近些年，我国一些新技术、新产业发展达到世界先进水平，通过发展新模式、新业态形成新的经济增长点，航空航天、生物技术、新材料等科技领域不断创新突破。现代经济思维和现代经济伦理成为现代精神文明的重要组成部分。中华文明已经跨越传统的农业经济形态，成功地站在了最新的经济形态的基础之上。

二、中国式现代化赋予中华文明更主动的精神力量

中国式现代化的历史进程是中华文明从消极被动到更具主动精神力量的过程。在中国共产党领导中国人民开启中国式现代化之前，许多政党和政治团体受制于阶级和狭隘民族观念等局限，都没有能让中国从被动挨打、受制于人的窘境之中解脱出来，是中国共产党领导中国人民真正实现了中华文明的浴火重生和现代性转化，是中国式现代化真正赋予

中华文明更主动的精神力量。

（一）认识社会历史发展规律，掌握历史发展主动性

中国式现代化赋予中华文明更主动的精神力量，归根结底是我们找到了马克思主义，认识了历史发展的规律，掌握了历史发展的主动性。1949 年 9 月，毛泽东在《唯心历史观的破产》中指出："自从中国人学会了马克思列宁主义以后，中国人在精神上就由被动转入主动。从这时起，近代世界历史上那种看不起中国人，看不起中国文化的时代应当完结了。伟大的胜利的中国人民解放战争和人民大革命，已经复兴了并正在复兴着伟大的中国人民的文化。这种中国人民的文化，就其精神方面来说，已经超过了整个资本主义的世界。"

在社会主义社会，劳动者在历史上第一次成为自己国家的主人，广大人民群众日益直接地也更积极地参与到生产和生产的管理之中。列宁指出："社会主义不是按上面的命令创立的……生气勃勃的创造性的社会主义是由人民群众自己创立的。"苏联在经济建设中取得了重大成就，但在后期用行政命令的办法搞建设，管理阶层日益脱离群众，堕落为特殊利益集团，人民群众的积极性无法充分发挥。1959 年 12 月至 1960 年 2 月，在读苏联《政治经济学教科书》谈话中，毛泽东说："这里把群众的斗争只看做重要条件之一的说法，违背了'人民群众是历史创造者'这个马克思主义的原理。无论如何，不能认为历史是计划工作人员创造的，而不是人民群众创造的。"习近平总书记要求，全党同志要不忘初心、牢记使命。只有紧密联系群众，以人民为中心，才能真正让中国式现代化赋予中华文明更主动的精神力量。只有在社会主义制度下确立了人民的主体地位后，群众首创精神才有可能得到真正尊重和主动发挥。

中国式现代化的根本是人的现代化，只有人的现代化才能真正让中

华文明更具主动的精神力量。1949 年，中国人口超过 5 亿，80% 是文盲。在农村地区，文盲率甚至高达 95% 以上。那个时代，全国只有 60 多万人完成了小学教育，真正能够进入大学的只有 2 万人。而这 2 万人中，80% 是文科学生。在科技领域，全国只有 21 个工业科研机构。经过数十年的努力，我国人才队伍快速壮大。2010 年，全国人才资源总量为 1.2 亿人，2019 年增长到 2.2 亿人，其中专业技术人才从 5550.4 万人增长到 7839.8 万人，各类研发人员全时当量达到 480 万人，居世界首位。我国还培养了数以亿计的高层次专门人才和高素质技术技能人才，人才效能的持续增强为经济高质量发展提供了强大的人才和智力支撑，让长期积弱积贫的中国人的整体面貌为之一新。

党的十九届六中全会总结党的百年奋斗历程，特别是党的十八大以来重大成就和历史经验，提出了“伟大的历史主动精神”的重大论断。马克思主义政党以其先进性，肩负着发扬历史主动精神、掌握历史主动的伟大使命，以马克思主义为指导思想的无产阶级政党，在推进人类社会发展的历史进程中，在尊重客观规律的前提下，积极作为、主动作为、大有作为。这正是马克思主义政党的一个独特优势。

（二）通过“两个结合”创造性地运用马克思主义的科学原理

中国式现代化赋予中华文明更主动的精神力量，也是因为我们坚持把马克思主义基本原理同中国具体实际相结合、同中华优秀传统文化相结合，创造性地运用马克思主义的基本原理。

毛泽东思想是创造性地运用马克思主义基本原理的典范。比如，就物质与精神的关系这一基本问题，毛泽东在《矛盾论》中强调：“社会意识对于社会存在的反作用，上层建筑对于经济基础的反作用。这不是违反唯物论，正是避免了机械唯物论，坚持了辩证唯物论。”因为有了这样的方法论，弱小的革命力量在变化着的主客观条件下才能够最终战胜强大的反动力量。在战略上藐视敌人，战术上重视敌人，掌握斗争的主要方向，对敌人区别对待、分化瓦解，实行利用矛盾，争取多数、反对少数、各个击破的战略，毛泽东把原则性和灵活性结合起来，解决了中国革命和建设进程中一道道极为复杂的难题，使得中国革命的力量在夹缝中得以不断成长壮大。

中国式现代化就是这样一种充分运用社会主义这种先进生产关系的能动性的现代化，是主动认识并结合中国现实和中华文明突出特性在“两个结合”中推动的现代化，就其本质而言，就是以社会主义方式来推动完成的“生产力相对落后条件下”的现代化。工业化是现代化的基础。历史上有两条工业化的道路，一条是资本主义道路，一条是社会主义道路。毛泽东指出，“资本主义道路，也可增产，但时间要长，而且是痛苦的道路。我们不搞资本主义，这是定了的”。也就是说，除了时代条件和国际环境等因素，就理论而言，毛泽东认为社会主义方式的工业化至少具有两个方面的优点：第一，速度更快；第二，人民群众付出的代价更小。社会主义的方式，尤其是结合我们历来“大一统”的文化传统，可以更充分地发挥“集中力量办大事”这个优点，“两弹一星”就是典型。代价更小，但不可能没有代价。因为在一穷二白的基础上搞建设，又是依靠内部积累，早期主要依靠农业剩余的转移，农民的生活条件在较长时间里相当困苦，即便在城市工业化后开始对农村“反哺”也依然无法迅速敉平城乡之间的差距。工业化基本完成后，因为要对抗发达的国际产业资本和国际金融资本，以避免或减少被“收割”而倒在现代化强国建设的路上，产业工人等普通劳动者的美好生活需要也只能在有限程度上予以满足。

不过，因为总体上减少了地主和资产阶级的剥削这个中间损耗，资本

◆ 河北省石家庄市平山县西柏坡

1949年3月，党的七届二中全会提出，“务必使同志们继续地保持谦虚、谨慎、不骄、不躁的作风，务必使同志们继续地保持艰苦奋斗的作风”。“两个务必”是中国共产党人对革命胜利后党的建设和国家前途的冷静思考，是“进京赶考”的积极心态和精神状态。党的二十大指出，全党同志务必不忘初心、牢记使命，务必谦虚谨慎、艰苦奋斗，务必敢于斗争、善于斗争，坚定历史自信，增强历史主动，谱写新时代中国特色社会主义更加绚丽的华章。“三个务必”是在我们党带领人民迈上全面建设社会主义现代化国家新征程、向第二个百年奋斗目标进军的关键时刻发出的响亮号召，是对走好新的“赶考”之路提出的新要求。从“两个务必”到“三个务必”，不变的是中国共产党人一以贯之、一脉相承的强烈忧患意识、良好工作作风与主动革命精神。

积累的规模扩大了，工业化速度提升了。经过几十年的努力，加之充分利用加入世界贸易组织这一历史机遇，我国的新型工业化取得重大成就，工业增加值于 2010 年超过美国，位居世界第一，2022 年超过美国和欧盟之和。但随着国际环境的变化，阻碍中国进一步现代化的因素也更加凸显。除国际因素外，尤需防范一切违背初心使命、动摇党的根基的危险。只有坚持马克思主义的革命理想，在充分民主的基础上主动发扬自我革命精神，才能避免传统社会糟粕带来的矛盾冲突。诚实劳动和创新经营为社会创造财富才是构建中国式现代化的基石，也是构成中国式现代化的文化形态的基石。中国式现代化就是要创造性地运用马克思主义基本原理，敢于走出新路，赋予中华文明更主动的精神力量。

三、中国式现代化赋予中华文明更完备的制度保障

中国式现代化要求与之相适应的更加完善的制度保障。党的二十大报告指出：“着力破解深层次体制机制障碍，不断彰显中国特色社会主义制度优势，不断增强社会主义现代化建设的动力和活力，把我国制度优势更好转化为国家治理效能。”我们需要适应中国式现代化的本质要求，充分发挥制度的保障作用和引领作用，用更加完善的制度体系为中国式现代化提供制度保障。

（一）创造中华文明的现代形态的根本社会条件和政治前提

中国共产党领导中国人民开创了中国式现代化道路，中国式现代化与中华民族伟大复兴相伴而行。习近平总书记指出：“中国共产党一经诞生，就把为中国人民谋幸福、为中华民族谋复兴确立为自己的初心使命。一百年来，中国共产党团结带领中国人民进行的一切奋斗、一切牺牲、

一切创造，归结起来就是一个主题：实现中华民族伟大复兴。”

一个传统社会要实现向现代化的转变，困难重重，首先就是需要具备一个根本的社会条件，否则各种零散化的努力只能事倍功半，甚至劳而无功。毛泽东在《论联合政府》中说：“在一个半殖民地的、半封建的、分裂的中国里，要想发展工业，建设国防，福利人民，求得国家的富强，多少年来多少人做过这种梦，但是一概幻灭了。许多好心的教育家、科学家和学生们，他们埋头于自己的工作或学习，不问政治，自以为可以所学为国家服务，结果也化成了梦，一概幻灭了。这是好消息，这种幼稚的梦的幻灭，正是中国富强的起点。”在新民主主义革命时期，党面临的主要任务是反对帝国主义、封建主义、官僚资本主义，争取民族独立、人民解放，为实现中华民族伟大复兴创造根本社会条件。中国共产党领导的中国式现代化道路，第一个伟大成就就是为中华民族伟大复兴、为中华文明的现代化转向创造了这样一个根本的社会条件。

社会主义革命和建设时期，我们党为实现中华民族伟大复兴奠定根本政治前提和制度基础。中国的现代化离不开党的领导，离不开社会主义制度。中国的工业化既缺少资本主义发展的基础，又面临外部帝国主义的打压，走资本主义工业化道路是行不通的。只有在社会主义制度下，充分利用社会主义制度的优越性才能实现这样一个历史性突破。资本主义工业化开始于 18 世纪 60 年代英国的产业革命，至 19 世纪后期，美、法、德、日、俄等主要资本主义国家先后完成了工业化。由于各国自然、历史条件不同，各国资本主义工业化都有自己的特点，但西方资本主义工业化却有一个共同点，那就是都是通过对内残酷压榨、对外疯狂掠夺来完成的，都是在资本追逐利润的竞争中自发实现的。如果采取传统的西方模式，中国很难在短时期内获得工业化所需要的资本和技术，作为后进国家也很难和已经实现工业化的国家竞争，只能长期处于落后和被动的局面，尽管从短期看可能没什么不好，但却会从根本上断送中华民族走向现代文明之路。

（二）提供中华文明充满新的活力的体制保证

经过改革开放前的高积累，中国工业体系已有良好基础。中国发挥计划经济“集中力量办大事”的优势，逐步建立起一套比较完整的独立的工业体系。不过，囿于传统体制的局限，尤其是对社会主义本质问题的认识不够系统深入，社会主义的优越性依然没能得到最大限度的发挥。此时，邓小平提出对社会主义本质新的认识，突破了思想上体制上的束缚，我们逐步建立起一套充满新的活力的体制，尤其是社会主义市场经济体制。

社会主义市场经济体制是社会主义经济体制的一次真正变革，是中国特色社会主义道路探索中的一个伟大创举。西方经济学理论和传统马克思主义政治经济学都不认为社会主义能搞市场经济。西方经济学本能地以为市场经济是建立在私有制的基础上的，公有制从根本上无法和市场兼容。马克思、恩格斯曾设想，在消灭了资本主义私有制以后，未来社会将不存在商品货币关系。邓小平创造性地提出：“计划多一点还是市场多一点，不是社会主义与资本主义的本质区别。计划经济不等于社会主义，资本主义也有计划；市场经济不等于资本主义，社会主义也有市场。计划和市场都是经济手段。”中止了姓“社”姓“资”在这个问题上的争论，而且为马克思主义中国化树立了一个光辉典范。

社会主义市场经济是同社会主义基本制度结合在一起的，既可以发挥市场经济的长处，又可以发挥政府作用为代表的社会主义制度的优越性。社会主义市场经济中“社会主义”这几个字并非“画蛇添足”，而是“画龙点睛”。所谓“点睛”，就是点明我们市场经济的性质，不能忘了

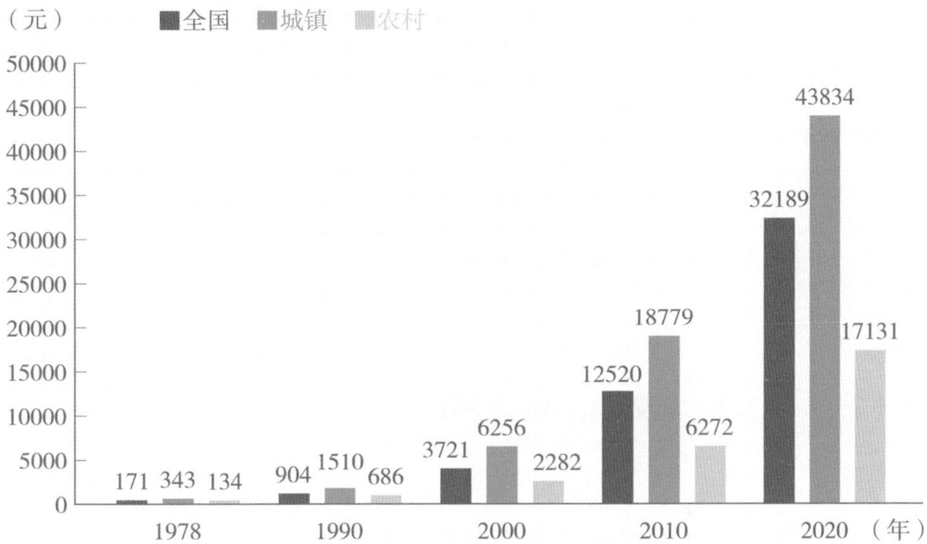

◆ 1978—2020 年全国城乡居民人均年可支配收入增长情况

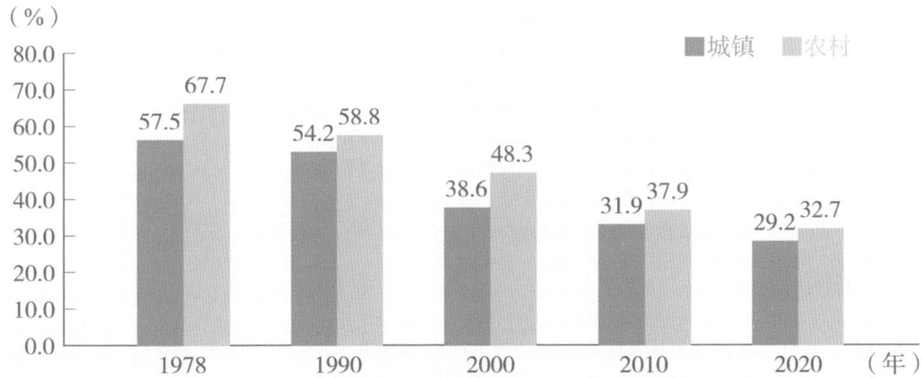

◆ 1978—2020 年城乡居民恩格尔系数变化情况

改革开放以来，人民生活水平显著提高。居民收入持续增加，全国居民人均年可支配收入从 1978 年的 171 元增加到 2020 年的 32189 元。城乡居民恩格尔系数分别从 1978 年的 57.5%、67.7% 下降到 2020 年的 29.2%、32.7%，城乡居民生活质量不断提升。

“社会主义”的方向，要在社会主义基本制度与市场经济的结合上下功夫，把两方面优势都发挥好。在实践上，我们利用了政府和市场两只手的作用，中央政府、地方政府和人民群众的积极性都被调动起来。市场机制的引入，使得中国的经济发展能够充分地调动各种积极因素发挥作用，配合上“入世”的成功，中国人民勤劳聪慧，对外开放充分地利用国际市场和资源，使我们的劳动密集型产业能够迅速占领国际市场，并在动态比较优势的积累和转换中，迅速实现了产业升级，用短短几十年的时间完成了西方工业化百年走过的历程。

（三）使得中华文明的各项制度更加完备

党的十八大以来，中国特色社会主义进入新时代，各项制度也更为系统完备。进入新时代以来，党始终坚持加强制度体系建设，形成日益完善成熟的制度体系，为国家治理体系和治理能力现代化提供了坚强的制度保障。

党的二十大明晰了我国基本实现社会主义现代化的总体目标，到2035年，基本实现国家治理体系和治理能力现代化，全过程人民民主制度更加健全，基本建成法治国家、法治政府、法治社会。全过程人民民主展现出的过程民主和成果民主、程序民主和实质民主、直接民主和间接民主、人民民主和国家意志相统一的鲜明特征，充分体现了社会主义民主政治的本质属性。党的二十大报告指出，我们以巨大的政治勇气全面深化改革，“坚决破除各方面体制机制弊端，各领域基础性制度框架基本建立，许多领域实现历史性变革、系统性重塑、整体性重构，新一轮党和国家机构改革全面完成，中国特色社会主义制度更加成熟更加定型，国家治理体系和治理能力现代化水平明显提高”。

我们用全过程人民民主贯通国家政治生活，充分体现社会主义民主的广泛性和真实性。坚持发挥党总揽全局、协调各方的领导核心作用，提高党科学执政、民主执政、依法执政水平，保证党领导人民有效治理国家。坚持国家一切权力属于人民，人民代表大会制度是我国的根本政治制度，是实现全过程人民民主的重要制度载体。各级国家机关坚持科学执政、民主执政、依法执政，保证国家治理做到充分体现人民意志，切实保障人民权益。坚持和完善中国共产党领导的多党合作和政治协商制度，加强社会各种力量的合作协调。坚持和完善民族区域自治制度，巩固平等团结互助和谐的社会主义民族关系，促进各民族和睦相处、和衷共济、和谐发展，切实防止民族隔阂、民族冲突。坚持和完善基层群众自治制度，发展基层民主，保障人民依法直接行使民主权利。

随着制度体系的不断完善，新时代中国特色社会主义制度建设的伟大成就极大地激发了全体人民更加坚定的制度自信。我国国家治理体系趋于完备、国家治理能力现代化水平不断提升。人民对中国特色社会主义制度高度自觉、充分肯定。中国共产党团结带领中国人民正意气风发地迈上了全面建设社会主义现代化国家新征程。

四、中国式现代化赋予中华文明更开阔的国际视野和更重大的国际担当

中华文明开放包容，发展和进步无时不伴随着和域外文明的沟通和交流。中国从来没有自外于世界，一直都是世界文明史的一个组成部分。中国式现代化使中国发展的天地变得更加广阔，中国对人类文明新形态的丰富和发展，鼓舞着更多的国家和民族在人类文明百花园中增添缤纷的色彩。现代化的中国已经赋予中华文明更开阔的国际视野，同时也赋予中华文明更为重大的责任担当。

（一）中国式现代化赋予中华文明更开阔的国际视野

中华优秀传统文化追求天下善治、天下大同的大理想、大胸怀。天下观念是中华优秀传统文化的精华，是中华民族独特的宇宙观、时空观、世界观和政治观的集中体现，塑造了中华民族“以天下为己任”的民族精神与文化基因。作为传统文化主体的儒学，强调通过诚心敬意、修己立德，达至齐家、治国、平天下的无穷眼界。在农业文明时代，中国在大一统的背景下拥有比其他同类文明更为宽阔的国际视野。汉唐帝国都曾站在人类文明之巅，胸怀天下、气度恢宏，充分吸收整合各种文化资源以为我所用，创造出辉煌灿烂的文明成果。

中国历史上也有封闭导致落后的惨痛教训。邓小平总结说：“现在

传统智慧

1. 己欲立而立人，己欲达而达人。——《论语 · 雍也》

【释义】我们帮助别人就是帮助自己，帮助别人取得成功，就是帮助自己取得成功。

2. 仁义忠信，乐善不倦，此天爵也。——《孟子 · 告子上》

【释义】仁义忠信，不知疲倦地乐行善事，这些美好的品德是天赐的爵位。

3. 天下兼相爱则治，交相恶则乱。——《墨子 · 兼爱上》

【释义】假使人人都彼此爱护，则天下安治；倘若人人都彼此交恶，则天下大乱。

任何国家要发达起来，闭关自守都不可能。我们吃过这个苦头，我们的老祖宗吃过这个苦头。恐怕明朝明成祖时候，郑和下西洋还算是开放的。明成祖死后，明朝逐渐衰落。以后清朝康乾时代，不能说是开放。如果从明朝中叶算起，到鸦片战争，有三百多年的闭关自守，如果从康熙算起，也有近二百年。长期闭关自守，把中国搞得贫穷落后，愚昧无知。”闭关锁国和思想禁锢也曾阻断中国与世界文明发展的联系，流毒甚深，埋下文明衰落的种子，最终导致在鸦片战争以后帝国主义入侵，生灵涂炭、国家蒙羞，中国人民长期生活在苦难之中。

中国共产党以马克思主义为指导，让中华文明在东西文明的碰撞中再次站到人类文明视野之巅。马克思主义阐明了人类历史的发展规律，让党始终能够胸怀天下，以世界眼光关注人类的前途命运。100 多年来，中国共产党始终把党和人民的事业作为人类进步事业的重要组成部分，将自身使命、人类命运与世界历史紧密结合在一起。中华优秀传统文化包含天下为公的大同理想、民为邦本的民本思想、修齐治平的家国情怀、自强不息的奋斗观念、知行合一的实践哲学等，这些思想观念、价值追求与马克思主义理论具有高度契合性。在百年的艰苦奋斗历程中，中国共产党把马克思主义基本原理同中华优秀传统文化相结合，在传统文化的滋养中赓续中华文明的血脉，激活中华文化的生命活力，赋予传统“天下观”以全新内涵、丰富内容和时代意义。

进入新时代，习近平总书记坚持胸怀天下，创造性提出人类命运共同体理念，2018 年 4 月 8 日在会见联合国秘书长古特雷斯时指出：“我们所做的一切都是为人民谋幸福，为民族谋复兴，为世界谋大同。”中国共产党百年奋斗的一条重要历史经验就是坚持胸怀天下，始终关注人类前途命运。党的十九届六中全会审议通过《中共中央关于党的百年奋斗重大成就和历史经验的决议》，把“坚持胸怀天下”作为党百年奋斗的十

经典文献

坚持胸怀天下。大道之行，天下为公。党始终以世界眼光关注人类前途命运，从人类发展大潮流、世界变化大格局、中国发展大历史正确认识和处理同外部世界的关系，坚持开放、不搞封闭，坚持互利共赢、不搞零和博弈，坚持主持公道、伸张正义，站在历史正确的一边，站在人类进步的一边。只要我们坚持和平发展道路，既通过维护世界和平发展自己，又通过自身发展维护世界和平，同世界上一切进步力量携手前进，不依附别人，不掠夺别人，永远不称霸，就一定能够不断为人类文明进步贡献智慧和力量，同世界各国人民一道，推动历史车轮向着光明的前途前进。

——节选自《中共中央关于党的百年奋斗重大成就和历史经验的决议》

条历史经验之一。人类在 21 世纪正面临越来越多的共同挑战，任何人、任何国家都无法独善其身，国际社会日益成为一个你中有我、我中有你的共同体。中国式现代化赋予中华文明更开阔的国际视野，将推动不同民族和文化之间相互欣赏、相互包容，各美其美、美美与共。

（二）中国式现代化赋予中华文明更重大的国际担当

中国式现代化给世界带来新机遇、新助力、新贡献，为人类实现现代化提供了新选择。当前全球发展进程正经历波折和挑战，发展合作动能减弱。据联合国开发计划署发布的报告，全球有超过 90% 的国家受多重危机影响面临发展困境。中国共产党和中国人民为解决人类面临的共同问题提供更多更好的中国智慧、中国方案、中国力量。习近平总书记指出："现代化不是少数国家的'专利品'，也不是非此即彼的'单选题'，不能搞简单的千篇一律、'复制粘贴'。一个国家走向现代化，既要遵循现代化一般规律，更要立足本国国情，具有本国特色。"中国道路正在赢得越来越多的尊重和肯定，广大发展中国家摆脱贫困，实现真正的现代化的道路更加宽广、更加坚实。

面对世界百年未有之大变局，现行全球治理体系不适应的地方越来越多，国际社会对变革全球治理体系的呼声越来越高。随着现代化的不断推进，中国的国际影响力、感召力、塑造力显著提升，正承担起全球治理体系变革越来越大的责任。党的二十大报告指出："中国积极参与全球治理体系改革和建设，践行共商共建共享的全球治理观，坚持真正的多边主义，推进国际关系民主化，推动全球治理朝着更加公正合理的方向发展。"

中国始终是世界和平的建设者、全球发展的引领者。中华文明始终崇尚和平，追求和睦、和谐。"和平性"是中华文明的 5 个突出特性之一。中国式现代化是走和平发展道路的现代化，也正是基于中华文明具有的这一突出特性。中国走和平发展道路不是权宜之计，更不是外交辞令，而是从历史、现实、未来的客观判断中得出的结论。中国式现代化与那些通过肆无忌惮的殖民掠夺、不择手段攫取原始资本和非法利益的模式有着根本的差别。世界好，中国才能好；中国好，世界才更好。中国式现代化不会无视其他国家的发展、以邻为壑，而是秉持义利相兼、以义为先的原则，推动各国共同发展、互利共赢。

在全球治理体系变革中，中国作为国际公共产品提供者的角色正变得越来越重要。目前，传统与非传统的国际治理难题复杂交织，以美国为首的霸权国家已经难以维系国际公共产品的持续供给。从新型国际公共产品的属性来看，霸权性减弱或消失，开放性与公平性正在得到不断增强。“一带一路”国际合作平台，凸显了中国平台的这种开放、包容的特性。大家共商共建共享，受到沿线国家欢迎，不仅包括欧洲发达国家，也包括印度、肯尼亚、沙特阿拉伯、墨西哥、秘鲁等发展中国家。

总之，中国式现代化是中国与世界良性互动的现代化，既造福中国又促进世界，既面向未来又融汇传统，是跨越时空、超越国界的现代化。中华文明因这种现代化得以完成向中华文明现代形态的蜕变，它的成功必将为建设持久和平、普遍安全、共同繁荣、开放包容、清洁美丽的世界作出更大贡献。

第六章

高山巍峨立天地

——如何理解中华文明赋予中国式现代化以深厚底蕴？

在5000多年中华文明深厚基础上开辟和发展的中国特色社会主义，植根于中华大地，与时俱进、守正创新，必然带有中华民族独特的文化基因，符合中国自身的历史发展逻辑。习近平总书记在文化传承发展座谈会上指出："只有立足波澜壮阔的中华五千多年文明史，才能真正理解中国道路的历史必然、文化内涵与独特优势。"中华文明正是为中国式现代化提供了必然途径和创新动力，从而决定了中国道路的历史必然。中华文明不仅为中国式现代化提供了丰富的文化内涵和文明特征，还在精神源泉与不竭动力上、在制度依据和治理智慧上，提供了独特的中国智慧。这些都是中华文明赋予中国式现代化的深厚底蕴和独特优势所在。

一、中华文明决定中国式现代化道路的历史必然

（一）中华文明的连续性决定了中国式现代化的必然道路

"中华文明的连续性，从根本上决定了中华民族必然走自己的路。"中国式现代化是赓续古老文明的现代化，是具有鲜明中国特色的现代化。

一方面，中华文明作为世界上唯一没有中断且发展至今的文明，为中国式现代化提供了广阔的历史视野和清晰的时代定位。中国式现代化是中华文明发展至新的历史阶段的传承和发展。中国式现代化道路的探索，只有在中华文明的连续性发展中，在中华民族由衰败走向振兴的不屈不挠中，在中国共产党带领人民创造美好生活的不懈奋斗中，才能全

方位整体性把握。正是中国式现代化所处的历史方位，决定了中华民族走自己道路的必然性，实现了现代化进程和中华文明特性的统一。另一方面，中华文明内在机制的“连续性”思想，也为推进中国式现代化进程中政治、经济、文化等领域的变革提供了物质资源和精神滋养。中国式现代化传承了中华文明“连续性”的突出特性，一脉相承的战略思维、系统思维、历史思维等科学思想方法，开辟了人类实现现代化的新道路。中华文明的“前事不忘，后事之师”“但存方寸地，留与子孙耕”“不谋万世者，不足谋一时；不谋全局者，不足谋一域”为中国式现代化选择连续性的发展道路提供了历史依据和文化支撑。中国式现代化建设，是目标渐进、不断深入发展的连续性过程。从改革开放初期的先富带动后富，最终实现共同富裕的实践，到促进人与自然和谐共生的要求，中国式现代化道路每一步的战略选择都是中华文明连续性的生动体现。

（二）中华文明的创新性决定了中国式现代化的必然动力

“中华文明的创新性，从根本上决定了中华民族守正不守旧、尊古不复古的进取精神，决定了中华民族不惧新挑战、勇于接受新事物的无畏品格。”正是中华文明的创新性为中国式现代化的全面推进提供了源源不断的动力，使其取得理论和实践上的巨大成就。

从宏观角度讲，中国式现代化正是中华文明在传承与发展中自我演化、自我嬗变的实践产物。面对历史传统和时代冲击、外部挑战和内部变革，中华文明在继承传统的基础上不断进行文化创新、制度创新、科技创新，形成具有自身特色的文明特质。作为承袭了中华文明创新性的重要载体，中国式现代化从其肌体中汲取不竭动力，对中华文明进行创造性转化、创新性发展，将马克思主义基本原理同中国具体实际相结合、同中华优秀传统文化相结合，创造了人类文明新形态，拓展了发展中国家走向现代化的新途径。从微观角度讲，中华文明革故鼎新的创新基因为中国式现代化提供了哲学基础和精神动力。“知常达变”“不期修古，不法常可”“日新之谓盛德”等塑造了中华民族不惧挑战、善于变通、勇于创新的精神风貌和思想境界。在推进中国式现代化进程中，中国人民在党的领导下，积极探索适合中国国情的现代化道路，不断进行理论和实践创新，通过改革开放推动经济体制和社会结构变革；创新扶贫方式，实施精准扶贫；提出创新、协调、绿色、开放、共享的新发展理念等，开辟了中国式现代化新道路，彰显出鲜明的中华文明创新性特征。

传统智慧

1. 苟日新，日日新，又日新。——《礼记·大学》

【释义】如果能每天除旧更新，就要天天除旧更新，不间断地更新又更新。

2. 凡益之道，与时偕行。——《周易·益卦·彖传》

【释义】损上益下之道，唯在一个“时”字，时当益则益，时当损则损。

3. 穷则变，变则通，通则久。——《周易·系辞下》

【释义】事物到了山穷水尽的地步就必然有所变化，变化则能通达，能通达则能恒久。

（三）中华文明的统一性决定了中国式现代化的必然途径

“中华文明的统一性，从根本上决定了中华民族各民族文化融为一体、即使遭遇重大挫折也牢固凝聚，决定了国土不可分、国家不可乱、民族不可散、文明不可断的共同信念，决定了国家统一永远是中国核心利益的核心，决定了一个坚强统一的国家是各族人民的命运所系。”统一性体现着中国人民对团结、强盛、繁荣的追求，决定了中国式现代化道路的必然目标和实现途径。

中国是一个统一的多民族国家，各民族在长期的频繁互动中形成了多元一体格局，中华文明因此具有悠久的历史传统和强大的文化认同。中国式现代化是中华文明统一性发展至今的结果，也以发扬中华文明统一性为目的。维护国家统一，推动国家发展，实现中华民族伟大复兴，中国式现代化把握住了目标和行动的统一。在推进中国式现代化进程中，坚持党的领导，充分发挥党总揽全局、协调各方的领导核心作用，确保现代化建设始终沿着正确的方向前进；坚持中国特色社会主义制度，结合具体国情和社会主义发展方向，保证中国式现代化始终在社会主义制度体系下迈进，坚持把中国发展进步的命运牢牢掌握在自己手中，体现了特殊性与普遍性的统一；坚持以人民为中心的根本立场和价值取向，不断实现发展为了人民、发展依靠人民、发展成果由人民共享，让现代化建设成果更多更公平惠及全体人民，体现了发展目标的始终统一。

（四）中华文明的包容性决定了中国式现代化的必然格局

“中华文明的包容性，从根本上决定了中华民族交往交流交融的历史取向，决定了中国各宗教信仰多元并存的和谐格局，决定了中华文化对世界文明兼收并蓄的开放胸怀。”中国式现代化继承和发扬了中华文明的包容性，更好实现了国内发展和国外合作有机统一的整体格局。

一方面，“海纳百川，有容乃大”“和而不同”等思想，体现出中华文明包容性的价值底色，为在推进中国式现代化进程中正确处理好若干重大关系，采取具有包容性的发展方式，提供了历史指向和思想遵循。比如，中国式现代化始终坚持统筹兼顾、系统谋划、整体推进的重要原则；强调实现全体人民共同富裕，对维护和促进社会公平正义的战略部署，坚持人与自然和谐共生的新理念新举措等，都是中国式现代化注重包容性发展格局的鲜明体现。另一方面，中华文明始终保持开放、包容的姿态，吸收外来文化的优秀元素，丰富自身的文化内涵，形成了独特的价值认同和文化自信。中国式现代化充分体现和发扬了中华文明的包容性，既包含了各国现代化的共同特征，又有独特的中国元素。这种现代化发展模式强调尊重各国发展道路的多样性，为其他发展中国家提供了新的现代化路径选择，更好地展现出人类文明新形态的发展格局和世界意义。

（五）中华文明的和平性决定了中国式现代化的必然目标

“中华文明的和平性，从根本上决定了中国始终是世界和平的建设者、全球发展的贡献者、国际秩序的维护者，决定了中国不断追求文明交流互鉴而不搞文化霸权，决定了中国不会把自己的价值观念与政治体制强加于人，决定了中国坚持合作、不搞对抗，决不搞‘党同伐异’的小圈子。”中国式现代化是走和平发展道路的现代化，充分彰显着贯穿5000多年中华文明史的和平特征。

中华民族历来爱好和平，“仁政”“兼爱”“非攻”“天下太平”“天下大同”等思想，体现出中华民族崇尚和平的社会理想和治理方式。“讲信修睦”“睦邻友邦”等理念，体现出中华文明强调和睦、和谐的交往之道，追求国家间的和平共处。中国式现代化寄托了中华民族自古以来对和平、和谐、繁荣的向往，不走西方国家通过战争、殖民、掠夺等方式实现现代化的老路，而是高举和平、发展、合作、共赢的旗帜，倡导国际社会携手应对挑战，实现共同发展和繁荣。在坚定维护世界和平与发展中谋求自身发展，又以自身发展更好维护世界和平与发展。传承至今的和平性，既丰富了中国式现代化的文化内涵，又决定了中国式现代化推动构建人类命运共同体的必然目标。

二、中华文明赋予中国式现代化丰富的文化内涵

中国式现代化之所以被冠以“中国”二字，在于其深深根植于中华优秀传统文化，为中华文明所滋养，展现出不同于西方国家和其他发展中国家不一样的道路特征与丰富的中华文化气韵。中华文明为全面推进强国建设、民族复兴伟业筑牢了坚定的文化根基，创造了有利的文化条件。

（一）“民为邦本”“团结奋斗”等是“人口规模巨大的现代化”的文化底蕴

“人口规模巨大”这个看似与文化没有任何关联的中国式现代化的基本前提，中华文明却赋予其极大的文化温情和丰富内涵。“人”是中华文化永恒不变的主题之一。“虽有周亲，不如仁人”，随着周朝时期产生了把人当人的“仁”理念，“惟人万物之灵”成为中国人对“人”的根本认识。中华文化对“人”始终怀着极大的善意，人丁兴旺也成为历朝历代统治者所追求的主要目标之一。中华文明为人口规模巨大的现代化提供的文化滋养主要有：一是，“民惟邦本，本固邦宁”的思想理念。“水可载舟，亦可覆舟”的施政古训也时刻提醒我们，现代化必须为了人民，

惠及人民，以带领 14 亿多中国人民实现美好生活愿望作为价值目标。二是，凝聚人心、团结奋斗的精神滋养。要把规模巨大的群众组织起来，拧成一股绳，众志成城，朝着在 21 世纪中叶建成社会主义现代化强国的目标前进，“众人同心，其利断金”等对团结奋斗的高度认同意识和历史自觉成为不可或缺的精神源泉。三是，将挑战转变为优势的辩证思维。超大规模的人口要整体迈向现代化，这无疑具有不小的难度。但与此同时，中华文明的辩证思维使我们积极面对难题，变不利为有利甚至是优势，充分利用人口红利期，运用好超大规模经济体的超大规模市场效应，14 亿多中国人民迈向现代化进而成为中国带给世界的巨大机遇。

（二）“天下为公”“富为民始”等是“全体人民共同富裕的现代化”的文化底蕴

习近平总书记指出：“共同富裕，是马克思主义的一个基本目标，也是自古以来我国人民的一个基本理想。”中华文化为此提供的滋养主要有：一是，“小康”“大同”等社会理想。“老吾老以及人之老，幼吾幼以及人之幼”作为中国人民千百年来美好生活的愿景，自然也成为中国式现代化追求的目标。中国式现代化之所以走的是全体人民共同富裕的现代化道路，脱贫路上之所以一个也不能少、一个民族都不能少，这是马克思主义对每个人“自由而全面的发展”的共产主义理想的追求使然，也是中国人民数千年孜孜以求的大同愿望使然。二是，“治国之道，富民为始”的施政理念。“不患寡而患不均，不患贫而患不安”“贫富有度”“与天下同利”等社会公平与治理思想，这些使全体人民共同富裕、坚决防止两极分化在实施上有了具体落实的途径与方向。三是，共同富裕道路上克服重重困难与阻力的坚毅品质和精神力量。在实现全体人民共同富裕的道路上，我们必然会面临难以想象的困难，遭遇难以预料的惊涛骇浪。新征程上靠什么样的精神力量来战胜困难、夺取胜利？我们的民族文化中不屈不挠的精神、愚公移山的坚毅和接续奋斗的韧性，就是我们完成这一伟大目标不可或缺的精神动力和力量源泉。

（三）“富润屋，德润身”等是“物质文明和精神文明相协调的现代化”的文化底蕴

实现现代化的人们物质生活富足了，但精神寄托在哪里、心灵该如何安放？这不仅是事关每一个人身心和谐的事情，也是治国理政必须处理好的大事情。中华文化以高度重视平民的教化而闻名于世，这一特征为今天的精神文明建设提供了宝贵的文化资源。中华文明的教化思想源远流长，“仓廪实而知礼节，衣食足而知荣辱”的思想根植于每一个中国人的内心。“贫而乐，富而好礼”成为人们追求精神富足的应然状态。儒家进而形成了一整套“礼”的文化和制度，为构造人们的精神世界和建设有秩序的社会提供了文化基石。今天，我们推进物质文明和精神文明相协调的现代化，不仅继承了中华文明的教化思想，呈现出高度重视精神文明建设的突出特征，而且从“礼润天下”中汲取了秩序观，从“君子人格”等传统文化的优秀成分中汲取了个人修养的道德要求。此外，精神文明建设中除了物质与精神这对关系，还有如何对待中外文明、古今文明关系的问题。中国几千年文明交流交融发展史为我们今天坚持马克思主义意识形态主导，坚持开放包容的姿态，进行各种文明交流互鉴，注入了源头活水，提供了重要的参考依据。

（四）“道法自然”“天人合一”等是“人与自然和谐共生的现代化”的文化底蕴

生态文明建设是关系中华民族永续发展的根本大计。中华民族向来

◆ 四川省广元市剑阁县翠云廊

翠云廊三百里，金牛古道旁苍龙蜿蜒，翠色掩映，气势磅礴。自明朝正德年间起，驿道古柏的离任交接制度应运而生。明时剑州知州李壁，颁布“官民相禁剪伐”的严令，古柏得以免受刀斧之灾；到了清代，对每棵古柏都悬挂了带有“官”字木牌，并编号计数。及至民国，官方设立“古柏保护管理委员会”，民间保护组织涌现，共筑绿色长城。新中国成立后，剑阁县更是秉承古训，接力传承，延续“官员离任交接”，古柏的数量与生长状况，成为衡量县乡领导政绩的重要标尺。在代代相传接力与创新之下，使得苍翠古柏绵延千年，生生不息。

尊重自然、热爱自然，绵延5000多年的中华文明孕育着丰富的生态文化。从《老子》“人法地，地法天，天法道，道法自然”，到《庄子》“天地与我并生，而万物与我为一”，这些朴素的观念无不表达着古人对处理人与自然关系的重要认识。中国式现代化汲取了这些文化养分，倡导构建人与自然生命共同体就体现着中国人自古以来对自然与人类和谐共生的仁爱观、道法自然的认识论、物我两存的生存智慧。我们从“万物各得其和以生，各得其养以成”的辩证法中，更能读懂“坚持山水林田湖草沙一体化保护和系统治理”的内在逻辑；从“不违农时，谷不可胜食也；数罟不入洿池，鱼鳖不可胜食也”的自然观中，更能领悟“共抓大保护、不搞大开发”的战略考量。汲取5000多年中华文明的丰厚滋养，不走西方一些国家“先污染、后治理”的老路，中国努力建设人与自然和谐共生的现代化，绝不是应对工业化发展进程中环境压力的权宜之计，而是我们的文化和自然价值观支撑着我们，发自内心地选择走一条既要金山银山又要绿水青山的人与自然和谐共生的现代化道路。中华优秀传统文化赋予中国式现代化建设社会主义生态文明的坚定决心和深厚的文化底蕴。

（五）“讲信修睦”“亲仁善邻”等是“走和平发展道路的现代化”的文化底蕴

中华民族自古重视“和”的理念，“礼之用，和为贵”是治国理政的核心观念，也是百姓生活日常的伦理准则。饱受帝国主义国家欺凌之苦的中国人，倍加珍惜来之不易的和平，坚定走和平发展道路的现代化，致力于推动构建人类命运共同体，提出全球发展倡议、全球安全倡议、全球文明倡议。这些倡议背后蕴含着丰富的中华优秀传统文化根基。一方面，中华优秀传统文化提供了和合理念。“国虽大，好战必亡”“亲仁善邻，国之宝也”等世代相传的理念是和平发展的理论基石。另一方面，中华优秀传统文化也在和平发展方式和路径选择上提供指引。当不同文明相互交流碰撞时，“各美其美，美美与共”成为我们的胸襟与立场。当不同国家利益有冲突时，“求同存异”是化解矛盾的中国智慧。当西方国家质疑中国“大国崛起”必然消耗大量能源而引发全球资源危机，甚至带来世界局势不稳定之时，中国却用下决心走绿色能源发展道路的行动，率先向世界作出碳达峰碳中和的重大承诺，承担大国责任并表明我们有足够的智慧来解决难题。如今，在攻克绿色能源难题的同时，我们实现了新能源汽车热销国外市场的大踏步发展，非但没有因为推进现代化的进程而引发能源危机，反而用绿色能源的开发成果惠及世界，这就是走和平发展道路的现代化与西方殖民掠夺式的现代化的根本不同。中华文明“和”的理念，在道路选择和化解矛盾的智慧上给予的影响是独特、深刻且深远的。

三、中华文明为中国式现代化提供不竭动力与精神源泉

在西方，传统往往被视为进步的障碍，而在中国，传统则被视为力量和传承的源泉。中华文明所蕴含的价值观念、道德礼仪、思维方式等为中国式现代化提供了生生不息的强大精神动力。这些静水流深的文化积淀与内在力量主要体现在不同于西方的集体主义精神、传统天下观和中国独有的精神气度上。

（一）集体主义精神强化了中国式现代化的使命担当

第一，集体主义的文化精髓深入中华民族血脉。中华民族历来讲求尚公崇义的道德伦理原则，崇尚优先考虑集体价值、关照集体利益，强

调责任先于自由、义务先于权利、群体高于个人。其中，“知常容，容乃公，公乃全，全乃天，天乃道”的尚公观念表达了中国传统伦理道德中坚持以公为本的社会价值目标。在中国人的精神谱系里，国家与家庭、社会与个人是密不可分的整体。“先天下之忧而忧，后天下之乐而乐”的家国抱负，“天下兴亡，匹夫有责”的责任意识，“天无私覆，地无私载，日月无私照。奉斯三者，以劳天下，此之谓三无私”的自觉追求，“民齐者强、民不齐者弱”“上下同欲者胜”的集体意识是正义力量的决定性作用。毫无疑问，向往和追求天下为公、公而忘私这一文明秩序的理论与实践，孕育了中华民族“心往一处想、劲往一处使”的民族情感与奋斗目标。

第二，集体主义的向心力强化了坚持人民至上的使命担当。习近平总书记强调：“只有坚持以人民为中心的发展思想，坚持发展为了人民、发展依靠人民、发展成果由人民共享，才会有正确的发展观、现代化观。”中国式现代化是中国共产党领导的现代化。中国共产党没有任何自己特殊的利益，始终代表最广大人民的根本利益。集体主义所迸发出的精神力量是推动中国式现代化行稳致远的关键要素。在党的坚强领导下，中国式现代化强调以集体主义为核心，突出人民性。这是区别于西方现代化的显著标志。

从主体维度来看，中国式现代化坚持以人民为中心，坚持发展为了人民、发展依靠人民、发展成果由人民共享，不断推动全体人民共同富裕。而西方现代化则以资本为中心，在创造物质财富的同时带来了人的异化、物化，使人最终陷入金钱拜物教的资本逻辑统治中；从制度维度来看，中国式现代化不断发展全过程人民民主，积极回应人民群众的所思所盼所忧，让全体中国人民携起手来、共同迈进现代化，充分展现了其重要政治优势，与西方“选举民主”的虚伪性形成鲜明对比；从实践维度来看，中国式现代化始终坚持“全国一盘棋”，充分发挥集中力量办大事、办难事、办急事的独特优势，广泛调动社会资源和各方面积极性，不断满足人民对美好生活的向往，有效避免了西方发达资本主义国家多党轮流执政、多方利益扯皮推诿所带来的种种弊端。

（二）传统天下观锻造了中国式现代化的世界情怀

第一，传统天下观是中华民族世界观的根脉。在中国人眼里，“天下”不只是地理概念，更是一个政治概念。“天下为公”“世界大同”是中国人的政治理想。《礼记·礼运》描述的“选贤与能，讲信修睦。故人不独

延伸阅读

菌草技术发源于中国，造福于世界，是中国在推进减贫脱贫过程中摸索出的一项成功实践，也是中国助力全球可持续发展所作出的一项重要贡献。20多年来，菌草技术已经在100多个国家落地生根，在脱贫、就业、治沙、畜牧、发电等领域释放巨大潜力，成为造福世界的“幸福草”。“小而美、见效快、惠民生”的菌草技术给当地创造了数十万个绿色就业机会，书写了助力当地减贫事业发展、为人民带去福利和希望的动人篇章，成为中国援外扶贫的一大品牌。在今天的巴布亚新几内亚、卢旺达、斐济等发展中国家，中国菌草的故事仍在广泛流传。

亲其亲，不独子其子，使老有所终，壮有所用，幼有所长，矜、寡、孤、独、废、疾者皆有所养”的“大同”之世，为人们刻画和描绘了崇高的政治目标与美好的社会愿景。“天下非一人之天下，乃天下之天下也”，“大道之行也，天下为公”，古代先贤认为人们所生存的共同空间、所形成的共同体以及公共权力平等地属于全体人类；“天下兴亡，匹夫有责”“大人者，以天地万物为一体者也”深刻展示出中国人“以天下为己任”的心胸情怀；儒家倡导的“亲仁善邻，国之宝也”、道家提出的“冲气以为和”、墨家尊崇的“兼爱非攻”等理念生动论述了中华文明一以贯之的睦邻智慧与处世之道。中华文明主张民胞物与、协和万邦、天下大同的天下观彰显了其源远流长的传统智慧与胸怀天下的大局意识，也为中华民族开放包容的博大胸怀、和睦和谐的内在追求提供了有力的思想支撑。

第二，天下观的弘道追求锻造了中国式现代化坚持胸怀天下的世界情怀。坚持胸怀天下，是中国式现代化的实践探索总结出的宝贵经验和理念，是对中华传统天下观的吸收与超越。当前，世界之变、时代之变、历史之变正以前所未有的方式展开，人类社会走到了关键当口。大时代需要大格局，大格局呼唤大胸怀。中国式现代化立足中国又放眼世界，既关怀当下又远眺未来，以独特的“天下”格局与深厚的世界情怀为全球治理提供了新思维、新方案，破除了西方主义“国强必霸”的陈旧思维定式。

推动构建人类命运共同体，是中国共产党坚持胸怀天下的生动体现，也是中国式现代化的本质要求。中国式现代化以“和”的共同体理念超越了西方零和博弈的思维怪圈。中国式现代化强调既“立己”更要“达人”，反对一切侵犯他国利益的霸权主义，致力于在狭隘的地缘政治观之外，积极构建人类命运共同体。这充分彰显了负责任大国为人民谋幸福、为人类谋进步、为世界谋大同的使命与担当、胸怀与智慧。

（三）文明奇迹铸就了中国式现代化的精神气度

第一，中华民族创造了从未中断的文明奇迹。作为世界上唯一一个没有中断和消失的古老文明，中华文明传承数千年而血脉从未间断。在漫长的历史进程中，承载着国家和民族集体记忆的中华文明创造出了独树一帜、生生不息的灿烂文化。这得益于在中华优秀传统文化熏陶下所形成的革故鼎新、与时俱进的精神气质。回溯历史，春秋战国时期“百家争鸣”，儒释道在中国“各显神通”又“三教合流”，都充分体现了中华文明的博大会通。对于外来的文化，中华文明在接纳、包容、尊重其文化特色的同时主张将其中优秀因素融合吸收，为自身的发展不断注入源头活水。中华民族用数千年的经贸和文化交往彰显了“各美其美”的文化自信，充分体现了中华民族“美人之美”的文化交往态度以及“美美与共”的文化情怀。正是如此，中华文明在历史长河中得以绵延不绝、始终保持着自己的生机和活力。

第二，文明奇迹铸就了中国式现代化坚定文化自信的精神气度。一个民族只有对自身文化传统充满信心，对自身文化的创新活力充满信心，才能自觉赓续民族文化血脉。中国式现代化作为人类文明新形态，所展现出的人类文明多样性让世界文明百花园姹紫嫣红、生机盎然，使得不同文明的交流互鉴成为可能，打破了“现代化 = 西方化”的迷思。

中国式现代化是文明更新的结果，不是文明断裂的产物。中华民族多元共存的文明观破解了单一线性的文明观，超越了西方中心主义的“文明优越论”与“文明冲突论”。西方现代化坚持“单数”一元文明观，将自身文明作为最高的、绝对的“唯一”。相比之下，中国式现代化倡导在守正与创新中巩固文明主体性，不断优化国际传播话语，让世界人民读懂中国、读懂中国人民、读懂中国共产党、读懂中华民族。

同时，坚持以文明交流超越文明隔阂、文明互鉴超越文明冲突、文明共存超越文明优越，在实际行动中坚定文化自信，推动中华文明重焕荣光。

四、中华文明为中国式现代化提供制度依据和治理智慧

政治制度是现代国家治理体系的核心组成部分，集中体现一个国家的根本性质。中国特色社会主义政治制度是中国共产党领导人民创建的先进政治制度，深受5000多年中华民族的历史奋斗和文化积淀的滋养，蕴含了中华民族几千年来积累的治理智慧。这使中国特色社会主义道路与制度，在新时代具有无比广阔的时代舞台，具有无比深厚的历史底蕴和无比强大的前进定力。

（一）中华文明为中国式现代化提供了坚实的制度依据

第一，民本思想、天下共治的施政传统奠定了中国制度的人民性。“民惟邦本，本固邦宁”的民本思想是中华优秀传统政治文化的精华，是现代人民民主理念的历史根基。“民惟邦本，本固邦宁”“君以民存，亦以民亡”“民为贵，社稷次之，君为轻”等古代民本思想为今天的人民民主思想提供了民族文化基础和心理基础。

中国共产党在批判性地继承中华文化中民本思想的基础上，始终坚持马克思主义为指导，坚持以人民为中心，让人民真正成为国家、社会和自己命运的主人。中国式现代化突出了以人为本的理念，将人民置于发展进程的核心地位，实现了人民至上的原则。全过程人民民主的社会主义政治的现代化路径，与虚假民主的西方现代化有着显著不同。

经典文献

坚持人民至上。党的根基在人民、血脉在人民、力量在人民，人民是党执政兴国的最大底气。民心是最大的政治，正义是最强的力量。党的最大政治优势是密切联系群众，党执政后的最大危险是脱离群众。党代表中国最广大人民根本利益，没有任何自己特殊的利益，从来不代表任何利益集团、任何权势团体、任何特权阶层的利益，这是党立于不败之地的根本所在。只要我们始终坚持全心全意为人民服务的根本宗旨，坚持党的群众路线，始终牢记江山就是人民、人民就是江山，坚持一切为了人民、一切依靠人民，坚持为人民执政、靠人民执政，坚持发展为了人民、发展依靠人民、发展成果由人民共享，坚定不移走全体人民共同富裕道路，就一定能够领导人民夺取中国特色社会主义新的更大胜利，任何想把中国共产党同中国人民分割开来、对立起来的企图就永远不会得逞。

——节选自《中共中央关于党的百年奋斗重大成就和历史经验的决议》

第二，九州共贯、多元一体的大一统传统奠定了中国制度的统一性。九州共贯、多元一体的大一统传统几千年来融入了中华儿女的血脉，成为中华民族共同的价值观和内心信念。中华民族5000多年的文明史已经用实践证明，无论是战乱还是繁荣时期，大一统的传统都是中国人共同的信仰和价值观念，也是中华民族走向复兴的重要动力。这一传统奠定了中华文明源远流长的基调，并增强中华民族凝聚力和向心力。

坚持和完善党的领导制度体系，提高党科学执政、民主执政、依法执政水平，建立起系统完备的政治制度体系，形成强大的制度凝聚力，确保国家各项政治制度安排要素齐全、环节完整。这是新时代继承和弘扬中华大一统传统的重要体现。坚持党的集中统一领导，保障了各民族人民的切身利益，顺应中华民族内部凝聚的趋势，承袭了中华优秀传统文化中九州共贯、六合同风、四海一家的大一统理念。我们坚持和完善人民代表大会制度这一根本政治制度和中国共产党领导的多党合作和政治协商制度、民族区域自治制度、基层群众自治制度等基本政治制度，对传统的大一统政治制度进行创造性转化和创新性发展，不仅巩固了中华民族多元一体的格局，而且更加强调民主和集中、多元和一致、表达和共识等的有机协调，涵盖了国家统一、法制统一、政令统一、思想统一等各个方面。

第三，大道之行、天下为公的传统理念奠定了中国制度的公正性。《吕氏春秋》中，强调天下万物皆属于天下人共有，而不是为特定个人或阶级所有。《礼记》中，从选贤任能、公共秩序、社会救济及道德教养等方面构想了“天下为公”的大同社会图景。这些理念不仅激发了人们的社会责任感和奉献精神，更是为社会和谐稳定提供了强有力的支撑。

但在中国古代封建社会少数人统治多数人的情况下，统治者很难真正贯彻天下为公的思想，也无法真正实行以民为本的原则。然而，中国共产党的诞生使得天下为公理念的实现成为可能。中国共产党既是中国工人阶级、中国人民和中华民族的先锋队，也是中华优秀传统文化的继承者。“天下为公”的理想历史性地落在了中国共产党人的肩上。中国共产党从诞生起就以实现中华民族伟大复兴为目标，始终与人民站在一起，站在历史正确的一边，不断推动社会进步，实现人民的幸福和全面发展。我们党始终坚守全心全意为人民服务的根本宗旨和初心使命，致力于实现社会公平正义，保障人民的权益，促进人民的福祉和发展。在这个制度下，人民的意愿和利益得到了广泛的代表和尊重，人民参与决策、管理国家事务，并享有广泛的社会权益和福利保障。

（二）中华文明为中国式现代化提供了丰富的治理智慧

中华优秀传统文化中蕴含了丰富的治理思想和智慧，学习和借鉴这些传统治理思想，对坚持和完善中国特色社会主义制度、推进中国式现代化建设具有重要的启示作用。同时，在借鉴和应用这些传统智慧时，以马克思主义的立场、观点和方法进行鉴别和分析，结合时代条件和现实需要激活其有益成分，并进行创造性转化和创新性发展，为中国式现代化建设提供充分滋养。

第一，兼容并包、求同存异的政治智慧。兼容并包、求同存异的理念是中华文化的重要特质，“勿意、勿必、勿固、勿我”是儒家的重要思想，体现了中华文明对不同文化和价值观的包容与尊重，强调不同文化主体之间应互相理解、互相尊重、共同发展，形成一种重视协商、商量的政治传统。5000 多年的文明史已经充分证明，中华文明的繁荣发展离不开求同存异、兼收并蓄的文化品格，这是中华文明在历史发展中形成的与其他文明不同的治理智慧。

中国式现代化的包容性是对中华文明传统包容性的创造性转化和创新性发展。有事好商量，众人的事情由众人商量，是人民民主的真谛。这种协商民主就是兼容并包、求同存异政治智慧的集中体现。“求同”意味着巩固共同的思想政治基础，包括强化已有的共识并推动形成新的共识。“存异”则体现了充分发扬民主、尊重和容纳差异的精神，促使各方能够平等表达不同观点和意见。这种政治智慧的运用，使得中国的协商活动能够顺利进行，为国家的发展与稳定提供了重要保证。

第二，为政以德、修己安人的修身思想。“德”在中国古代社会治理中具有重要作用。孔子提出“为政以德，譬如北辰，居其所而众星共之”，意指为政者立德政、行德治、施德教，就会得到人民拥护和支持，国家治理就会呈现成风化人、明德至善的良好局面。选贤任能、德才兼备的理念体现了古代中国对于领导者和官员的高标准要求，也反映了中国传统文化中尊重人才、重视道德的价值观念。

中国共产党自成立以来，始终把为中国人民谋幸福、为中华民族谋复兴作为自己的初心使命，始终重视党员干部的党性教育和道德修养，多次在党内开展整风运动，坚持批评和自我批评，促进党员干部的思想政治建设和道德修养提高。新时代新征程，广大党员干部强化“明大德”“守公德”“严私德”政德修养，以身作则，严格约束自己的行为，不违法乱纪，做到品德高尚，遵守公共利益，保持公正廉洁，不谋取私利，努力做到为政以德，这些要求都充分体现了中华优秀传统文化中对“德”的高度重视。

第三，周虽旧邦、其命维新的创新动力。“天地之化日新。”中华文化始终传承革故鼎新的精神气质，高扬“日新”的改革进取精神。中华民族的先民们不拘泥于旧有的观念和制度，勇于进行改革和变革，不断推动社会的进步和发展，创造灿烂辉煌的文明。

革故鼎新、与时俱进是中华文明永恒的精神气质，也是我们党一直以来坚持的重要原则。进入新时代，我们党勇于推进理论创新、实践创新、制度创新、文化创新，筑牢了中国式现代化的道路根基、文化根基。

新时代新征程上，我们要以新时代的文化使命与守正创新的正气和锐气，巩固和壮大中华民族共同体，实现中华民族的旧邦新命，努力建设中国式现代化的文化形态。

第七章

人间正道是沧桑

——为什么说中国式现代化的文化形态是中国特色社会主义的现代文明？

走自己的路，是中国共产党伟大奋斗的全部理论和实践立足点，也是建设中国式现代化的文化形态的基本经验。习近平总书记在文化传承发展座谈会上指出："在五千多年中华文明深厚基础上开辟和发展中国特色社会主义，把马克思主义基本原理同中国具体实际、同中华优秀传统文化相结合是必由之路。这是我们在探索中国特色社会主义道路中得出的规律性认识。"这一重要论断深刻揭示了中国特色社会主义为什么行的文明基因和中国式现代化的文化形态为什么重要的道路意义，阐明了中华文明与中国特色社会主义的内在紧密关系，规定了中国式现代化的文化形态是中国特色社会主义的现代文明，为新时代建设中国式现代化的文化形态指明了道路方向。

一、中国特色社会主义是从中华文明中走出来的

中国特色社会主义不是从天上掉下来的，是党和人民历尽千辛万苦、付出巨大代价取得的根本成就和宝贵成果。马克思主义自传入中国后，科学社会主义的主张受到中国人民热烈欢迎，并最终扎根中国大地、开花结果，绝不是偶然的，而是同我国传承了几千年的优秀历史文化和广大人民日用而不觉的价值观念融通的。中国特色社会主义是在马克思主义中国化时代化的实践中得出来的，是在改革开放 40 多年的伟大实践中得来的，是在新中国成立 70 多年的持续探索中得来的，是在我们党领导人民进行伟大社会革命 100 多年的实践中得来的，是在近代以来中华民族由衰到盛 180 多年的历史进程中得来的，是在世界社会主义 500 多年

波澜壮阔的发展历程中得来的，是在对中华文明5000多年的传承发展中得来的。

“源浚者流长，根深者叶茂。”中华民族是世界上古老而伟大的民族，勤劳勇敢的中华儿女创造了绵延5000多年的灿烂文明，为人类文明进步作出了不可磨灭的贡献。中华文明作为人类历史上唯一没有中断的文明，在漫长的历史进程中，中华民族以自强不息的决心和意志，筚路蓝缕，跋山涉水，走过了不同于世界其他文明体的发展历程。中华文明之所以能够历尽沧桑而散发出愈加夺目的光彩，在于其始终植根于本民族的历史文化沃土。即使是在近代经历文明蒙尘的艰难困境，仍然以顽强的生命力延绵发展。随着社会主义制度在中国的确立，党领导人民探索、创立和发展了中国特色社会主义，中华文明的生机再度焕发，并为中国特色社会主义提供了持久文明动力。每个国家和民族的历史传统、文化积淀、基本国情不同，其发展道路必然有着自己的特色。中华优秀传统文化是中华民族最深厚的文化软实力，也是中国特色社会主义植根的文化沃土。党领导人民开辟的中国特色社会主义道路不是偶然的，是我国历史传承和文化传统决定的。中华优秀传统文化中蕴含的天下为公、民为邦本、为政以德、革故鼎新、任人唯贤、天人合一、自强不息、厚德载物、讲信修睦、亲仁善邻等思想观念、人文精神、道德规范，是中国式现代化的文化形态的独特基因，已在实践中成为中国特色社会主义文化的重要组成部分。

习近平总书记强调：“文明特别是思想文化是一个国家、一个民族的灵魂。无论哪一个国家、哪一个民族，如果不珍惜自己的思想文化，丢掉了思想文化这个灵魂，这个国家、这个民族是立不起来的。”从文明生成的广义范畴来看，文明是时间性和空间性相统一的概念，在时间上表现为从古代文明向现代文明发展过程的演进路向，在空间上呈现为不同地区、不同民族的多元文明实体样态。中华文明作为人类文明在中华大地赓续发展的优秀产物，既集聚了人类文明的普遍规律和多样表征，又展示了中华文明统一和合的建构特质。只有在中华文明的滋养下，中国特色社会主义才能够真正扎根中国大地，指向正确发展道路。

中华文明具有突出的连续性，决定了中国式现代化的文化形态必然走具有本民族鲜明特色的现代文明之路，也决定了中国特色社会主义具有民族性特征。现代化自西方世界发轫以来，经过几个世纪的发展，给人类文明带来了巨大贡献，整个世界的面貌都发生了前所未有的变化，但这并不意味着世界上存在着定于一尊的现代化模式或标准。很长一段时间，西方很多人习惯于把中国看作西方现代化理论视野中的近现代民族国家，没有从 5000 多年文明史的角度来看中国，这样就难以真正理解中国的过去、现在、未来。换言之，如果不从源远流长的历史连续性来认识中国，就不可能理解古代中国，也不可能理解现代中国，更不可能理解未来中国。中华文明植根于中华大地，具有绵延不断的蓬勃生命力。中国式现代化的文化形态是从中华大地生长出来的，从中国特色社会主义实践中繁盛起来的，蕴含着中华文明的精华。

中华文明具有突出的创新性，给予了中国式现代化的文化形态以源源动力支持，也给予了中国特色社会主义以创新动力。“革，去故也；鼎，取新也。”革故鼎新、与时俱进是中华民族无畏的进取品格和中华文明永恒的精神气质。习近平总书记强调：“每一种文明都延续着一个国家和民族的精神血脉，既需要薪火相传、代代守护，更需要与时俱进、勇于创新。”正是在这种精神血脉的传承与创新中，新时代中国共产党人坚持在中国特色社会主义道路上守正创新，奋力建设中国式现代化的文化形态，创造人类文明新形态。

中华文明具有突出的统一性，铸就了中国式现代化的文化形态强大

◆ 传统园林与现代风格建筑交相辉映的苏州古城与新城

“革故鼎新”是中华文化的鲜明特质。“革故鼎新”最早来源于《周易》，“革”和“鼎”分别是《周易》中相邻的两个卦，《周易》将其解释为“革，去故也；鼎，取新也”。“革故鼎新”的意思是除去旧的，建立新的。后来它的含义延伸为通过破旧立新，推动事物和社会健康成长。自古以来，“革故鼎新”被看作理政的头等大事。东汉魏伯阳在《周易参同契》中指出“御政之首，鼎新革故”。受这种革新精神的影响，中国大地上发生了无数变法图强的运动，以打破旧制、开创新局的精神，致力于探寻国家变革与社会进步的道路。

的凝聚力，也铸就了中国特色社会主义独特的制度优势。中华文明自萌生之日起，便伴随着民族的分裂与统一、衰落与兴盛而动态演变。自秦朝开启中华民族的大一统模式，“书同文，车同轨，量同衡，行同伦”，“天下一统”的思想理念逐渐铸入中华儿女的精神意志之中，成为中华文明的内在规定与核心话语。国土不可分、国家不可乱、民族不可散、文明不可断的共同信念，与中华儿女血脉里的家国情怀一道，共筑中国式现代化的文化形态的建设根基，深深融入中国特色社会主义的精神血脉。

中华文明具有突出的包容性，培育了中国式现代化的文化形态牢固的共同体意识，也培育了中国特色社会主义的开放视野。文明是一个民族的集体记忆，中华文明是印刻我国各民族集体记忆的重要标识，由各民族优秀文化百川汇流而成。海纳百川，因流动而常新。中华文明的包容性，决定了中华文化对世界文明兼收并蓄的开放胸怀。同样，中华民族开放包容的精神品格，使得中华文明在同其他文明的交流互鉴中能够始终焕发新生机，也使得中国特色社会主义在与时代、与外界的对话中不断丰富发展。

中华文明具有突出的和平性，昭示了中国式现代化的文化形态的和平发展底色，也昭示了中国特色社会主义和平发展的基本原则。“礼之用，和为贵。”爱好和平是中华民族精神的深层基因，爱好和平的思想已深深嵌入中国人民的精神世界。即使是在近代中国不断遭受欺凌的境况下，中国人民也始终致力于维护和平。文明没有高下、优劣之分，更没有贵贱、对错之别，不同文明的交流碰撞谱写了人类文明的灿烂华章。中华文明的和平发展底色，培育了中国人民平等、互鉴、对话、包容的文明观，明确了中国始终是世界和平的建设者、全球发展的贡献者、国际秩序的维护者的角色定位。

中国特色社会主义是历史的选择、人民的选择，是中国式现代化的文化形态的选择，必须一以贯之进行下去。经过长期的理论创新和实践探索，我们对社会主义的认识，对中国特色社会主义规律的认识，特别是对中国特色社会主义与中国式现代化的文化形态的关系的认识，已经达到了新的高度。同时我们也要清醒地认识到，我国社会主义尚处于初级阶段，还面临着很多没有弄清楚的事关中国特色社会主义事业成败的问题难题，对中国式现代化的文化形态的认识和处理仍处于不断深化的过程之中。这就要求我们，既要弄清楚中国特色社会主义是如何从中华文明史中走出来的，又要搞明白中国特色社会主义同中国式现代化的文化形态的内在联系与关系，在建设中国式现代化的文化形态中坚定道路自信、理论自信、制度自信、文化自信。

二、中国式现代化的文化形态承载着中国特色社会主义的文明追求

中国式现代化的文化形态以中国式现代化道路为依托，承载了中国特色社会主义的道路自信。现代化是人类文明发展的重要产物和标识，也是推动人类文明进一步发展的基本动力。经过长期奋斗，中国共产党带领广大人民坚持和发展中国特色社会主义，推动物质文明、政治文明、精神文明、社会文明、生态文明协调发展，创造了中国式现代化新道路，创造了人类文明新形态。中国式现代化，是中国共产党领导的社会主义现代化，既有各国现代化的共同特征，更有基于自己国情的中国特色。中国式现代化深深植根于中华优秀传统文化，体现科学社会主义的先进本质，借鉴吸收一切人类优秀文明成果，代表人类文明进步的发展方向，展现了不同于西方现代化模式的新图景，是一种全新的人类文明形态。中国共产党人在探索中国式现代化道路的过程中，创造了人类文明新形态，找到了建设中国式现代化的文化形态的正确方向和道路。

自近代中国被迫卷入资本主义文明所裹挟的世界现代化历程以后，中华文明在殖民侵略和资本主义文明的冲击下面临前所未有的生存危机。无数仁人志士曾尝试学习或照搬西方现代化器物、制度乃至文化，但均以失败告终。直到十月革命后，马克思主义在中国广泛传播，马克思主义所蕴含的现代文明思想同中华文明相互碰撞，激活了中华民族历经几千年创造的伟大文明，使中华文明再次迸发出强大的精神力量。在中国共产党的领导下，我们开启了一条有别于其他任何国家的现代化探索道路，中华文明重新焕发出新的生机与活力。早在新民主主义革命时期，毛泽东便将“建立新民主主义的国家”与“中国的工业化和农业近代化”联系在一起，设想走中国式的工业化和农业化道路，并提出我国由农业国转向工业国的建设目标。新中国成立后，在探索马克思主义基本原理同中国具体实际进行“第二次结合”的过程中，党领导人民完成了社会主义改造，确立了社会主义基本制度。以取得的社会主义物质文明和制度文明成果为基础，党加快了探索社会主义现代化道路的进程。1954 年 9 月，周恩来在一届全国人大一次会议中提出现代化的工业、现代化的农业、现代化的交通运输业、现代化的国防“四个现代化”目标。1964 年 12 月，周恩来在三届全国人大一次会议上所作的政府工作报告中重新表述了现代农业、现代工业、现代国防和现代科学技术的“四个现代化”的战略构想。以“四个现代化”为实践导向，社会主义农业文明、工业文明、国防文明和科学技术文明等取得了丰硕成果。1979 年，邓小平在中央政治局会议上正式提出“中国式的现代化”概念，强调中国式的现代化必须从中国的特点出发。“中国式”标识了中国的社会主义现代化模式与西方的或过去的现代化模式的区别，彰显了中国共产党人以中国式现代化创造人类文明新形态的决心与信心。

经过一代代中国共产党人一棒接着一棒的接力探索，中国式现代化的总体布局逐步拓展至“五位一体”，并全面深化到国家治理体系和治理能力层面，话语图谱日益完整，并深刻影响着社会主义物质文明、政治文明、精神文明、社会文明、生态文明的新形态。基于社会主义初级阶段的国情和人民群众对社会主义现代化的现实需求，习近平总书记明确指出了中国式现代化的特征，中国式现代化是人口规模巨大、全体人民共同富裕、物质文明和精神文明相协调、人与自然和谐共生、走和平发展道路的现代化，这也赋予了人类文明新形态以鲜明的中国式特质。党的二十大报告指出：“中国式现代化的本质要求是：坚持中国共产党领导，坚持中国特色社会主义，实现高质量发展，发展全过程人民民主，丰富人民精神世界，实现全体人民共同富裕，促进人与自然和谐共生，推动构建人类命运共同体，创造人类文明新形态。”坚持中国特色社会主义，中国式现代化才会永不变质和变色，中国式现代化的文化形态才能够永葆社会主义文明本色。中国式现代化所引领的中国式现代化的文化形态是在和平与发展的环境中孕育的文明形态，始终高举和平、发展、合作、共赢旗帜，以自身发展推动人类文明进步。

中国式现代化的文化形态是社会主义性质的文明形态，承载了中国特色社会主义的意识形态阵地。世界现代文明缘起于西方资本主义的萌生，马克思、恩格斯指出：“资产阶级，由于一切生产工具的迅速改进，由于交通的极其便利，把一切民族甚至最野蛮的民族都卷到文明中来了。它的商品的低廉价格，是它用来摧毁一切万里长城、征服野蛮人最顽强的仇外心理的重炮。它迫使一切民族——如果它们不想灭亡的话——采用资产阶级的生产方式；它迫使它们在自己那里推行所谓的文明，即变成资产者。一句话，它按照自己的面貌为自己创造出一个世界。”在资本主义社会，资本表现为支配一切社会活动的经济枢纽和政治权力，旨在创造一个资本至上的文明世界。资本在推动现代社会发展过程中，最先表现出其文明价值。“资本的文明面之一是，它榨取这种剩余劳动的方式和条件，同以前的奴隶制、农奴制等形式相比，都更有利于生产力的发展，有利于社会关系的发展，有利于更高级的新形态的各种要素的创造。”在促进社会生产力发展的同时，资本使传统部落或农村逐渐演化为城市，并自觉接受城市的统治，摆脱了传统部落或农村文明的愚昧状态，从而主导了人类社会的城市文明化进程。同时，“正像它使农村从属于城市一样，它使未开化和半开化的国家从属于文明的国家，使农民的民族从属于资产阶级的民族，使东方从属于西方”。这揭示了近代以来西方资本主义文明的真实形态，殖民和压迫始终与资本主义文明相伴而存。资本在分离人与生产资料的过程中，通过雇佣劳动创造价值和剩余价值，产生资本的自我增殖，“它像吸血鬼一样，只有吮吸活劳动才有生命，吮吸的活劳动越多，它的生命就越旺盛”。作为资本群体人格化代表的资产阶级，其创造资本主义文明的实质是对剩余价值的残酷剥削和贪婪追逐。当资本主义发展到一定阶段后，社会所拥有的生产力已经不能再促进资产阶级文明和资产阶级所有制关系的发展，这个时候，资产阶级曾经用来推翻封建制度的武器，现在却对准资产阶级自己了。随着世界无产阶级登上历史舞台，由无产阶级领导创造的社会主义文明也逐渐登上历史舞台，深刻改变着人民生活。

以科学社会主义为指导，中国共产党在领导中国革命、建设和改革的过程中，坚持将社会主义事业同中华文明复兴大业紧密结合起来，自觉担负起引领人类文明形态变革的历史使命。经过伟大奋斗，中国共产党成功将人类文明引入新的新发展轨道，实现了对传统社会主义文明形态的创新，体现了人类文明形态连续性与发展性、世界性与民族性的统一。人类文明新形态在充分认识和利用资本的文明面的同时，摒弃了西方资本主义社会以资本为中心、两极分化、剥削压迫的文明发展路径，

延伸阅读

什么是科学社会主义？马克思、恩格斯曾对未来社会主义社会的发展过程、发展方向、一般特征作过科学预测和设想。他们认为，社会主义社会和资本主义社会具有决定意义的差别主要包括：在生产资料公有制基础上组织生产，满足全体社会成员的需要是社会主义生产的根本目的；对社会生产进行有计划的指导和调节，实行等量劳动领取等量产品的按劳分配原则；合乎自然规律地改造和利用自然；无产阶级革命是无产阶级进行斗争的最高形式、必须由无产阶级政党领导、以建立无产阶级专政的国家为目的；通过无产阶级专政和社会主义高度发展最终实现向消灭阶级、消灭剥削、实现人的全面而自由发展的共产主义社会的过渡；等等。这些构成了科学社会主义基本原则，是中国特色社会主义的“根”和“源”。

开辟了一条惠及各国人民、具有全球共识的文明模式，同时破解了传统社会主义文明发展过程的许多难题，是一种崭新的社会主义文明形态。中国式现代化的文化形态是区别于西方文明的中华文明当代形态。中华民族是一个勤劳勇敢且富于创造精神的民族，具有百万年的人类史、一万年的文化史和5000多年的文明史，中华文明在很长的历史时期里始终走在世界文明浪潮的前列，为人类文明进步作出了不可磨灭的贡献。

中国共产党在探索社会主义文明道路的过程中，充分挖掘了中华文明所蕴含的宝贵财富，使之转化为社会主义文明的有力载体和内容支撑。尽管中华文明在近代曾一度蒙尘，但在马克思主义真理的激发下，中华文明与社会主义文明紧密融合在一起，把人类文明推入一个全新的历史形态，也有效破解了马克思关于东方社会现代变革和文明过渡的难题。

中国式现代化的文化形态以全人类共同价值为目标，承载了中国特色社会主义的价值共识。当前，世界格局处于一个加快演变的历史进程之中，人类文明的多样性得到充分展现，各地区各民族相互依存、命运相连、共谋发展。全人类共同价值是中国共产党的价值主张，也符合各国各民族人民的共同价值目标。基于全人类共同价值的共识，中国共产党人真诚呼吁："世界各国弘扬和平、发展、公平、正义、民主、自由的全人类共同价值，促进各国人民相知相亲，尊重世界文明多样性，以文明交流超越文明隔阂、文明互鉴超越文明冲突、文明共存超越文明优越，共同应对各种全球性挑战。"基于全人类共同价值的价值阐发，中国始终坚持走和平发展道路，尊重世界文明多样性，在积极推动构建人类命运共同体的实践中，实现了中国式现代化的文化形态在民族性与世界性上的统一。长期以来，西方资本主义国家依仗其在经济、军事等领域的"硬实力"，以资本主义先进文明自居，向其他国家贩卖标榜着"普世价值"标签的西方中心主义式自我价值理念。"普世价值"打着自由、平等、民主等超越国家、民族和宗教之上的口号，用西方工业文明和价值观教化民众，并不遗余力地向社会主义国家进行话语输出，其本质是为资产阶级意识形态所服务的话语工具。尽管其在话语逻辑上标榜为全人类的普遍利益服务，但其以抽象人性论为话语陷阱，很难掩盖其反自由、伪平等、假民主的事实。以"普世价值"为基础，"历史终结论"的提出者丝毫不掩盖其对社会主义文明的恶意，忽视了人类社会文明的发展规律。

西方资本主义国家制造并散播的“文明冲突论”则过度放大不同民族或国家之间的文明矛盾，将攻击矛头直指正在创造和丰富社会主义文明的中国，不利于各种文明的交流互鉴。

与西方资本主义文明以资本和私有制为基础的价值观相比，中国式现代化的文化形态以人民为中心，以全人类共同利益为出发点和落脚点，将个人发展与群体发展、民族发展与人类发展统一到一起，彰显了社会主义文明的价值超越性。当前，世界之变、时代之变、历史之变正以前所未有的方式展开，中华民族乃至整个人类社会面临前所未有的挑战，世界各国人民再一次站在了时代和历史的十字路口。中国共产党人清醒地认识到，这是一个充满挑战的时代，也是一个充满希望的时代，只要顺应时代之变、把握时代之机，就必然能够创造出属于这个时代的丰富文明成果。中国始终主张，世界命运应该由各国共同掌握，国际规则应该由各国共同书写，全球事务应该由各国共同治理，发展成果应该由各国共同分享。党的十八大以来，以习近平同志为核心的党中央在领导广大人民创造人类文明新形态的过程中，坚持统筹中华民族伟大复兴战略全局和世界百年未有之大变局，深入思考“世界怎么了、我们怎么办”这一时代课题，提出构建人类命运共同体，为人类文明进步作出了巨大贡献。人类命运共同体理念不仅被写入党的十九大、二十大报告，载入党章、宪法之中，而且在走向国际的过程中不断获得其他国家和人民的认同，凝聚起世界人民的广泛共识。中国推动构建人类命运共同体，不是以社会主义制度强制代替其他制度，或以社会主义文明强行代替其他文明，而是不同社会制度、意识形态和价值主张的共生共存，形成不同文明形态的“最大公约数”。人类命运共同体理念超越了传统民族、国家和意识形态的分歧，超越了资本主义国家宣扬的所谓“西方中心论”“西方文明优越论”“文明冲突论”等，为消除文明差异隔阂，促进不同文明共生共存，以及世界各国人民共建共享文明新形态，提供了兼具中国特色和人类智慧的价值方案。

三、以中国特色社会主义助力建设中国式现代化的文化形态

筑牢中国特色社会主义道路根基。方向决定道路，道路决定命运。中华文明是人类文明中唯一没有中断的文明，英国哲学家罗素在 1922 年

经典文献

坚持中国道路。方向决定道路，道路决定命运。党在百年奋斗中始终坚持从我国国情出发，探索并形成符合中国实际的正确道路。中国特色社会主义道路是创造人民美好生活、实现中华民族伟大复兴的康庄大道。脚踏中华大地，传承中华文明，走符合中国国情的正确道路，党和人民就具有无比广阔的舞台，具有无比深厚的历史底蕴，具有无比强大的前进定力。只要我们既不走封闭僵化的老路，也不走改旗易帜的邪路，坚定不移走中国特色社会主义道路，就一定能够把我国建设成为富强民主文明和谐美丽的社会主义现代化强国。

——节选自《中共中央关于党的百年奋斗重大成就和历史经验的决议》

出版的《中国问题》一书中写道，“与其把中国视为政治实体还不如把它视为文明实体——唯一从古代存留至今的文明。从孔子的时代以来，古埃及、巴比伦、马其顿、罗马帝国都先后灭亡，只有中国通过不断进化依然生存”。西方资产阶级的人生观则推崇的是竞争、开发、永无平静、永不知足以及破坏，无节制破坏自然环境和消耗能源的结果最终只能带来毁灭，资本主义文明的结局可想而知。中国特色社会主义是实现中华民族伟大复兴的必由之路，也是建设中国式现代化的文化形态的必由之路。以中国特色社会主义持续助力中国式现代化的文化形态，关键要让中国特色社会主义道路向更加宏阔深远的历史纵深，不断拓展中国特色社会主义道路的文化根基。走中国式现代化道路，赋予中华文明以现代力量，中华文明则赋予中国式现代化道路以深厚底蕴。回望过去，中华民族创造了伟大的中华文明，展望未来，在中国式现代化道路上，党和人民充满信心，必将推动中华文明重焕荣光。

中国特色社会主义为什么不一样？中国式现代化引领的中国式现代化的文化形态为什么不一样？关键在于走本民族自己的路，坚持中国特色社会主义道路，以建设具有本民族特征的、符合现代化要求的新的文明形态。如果没有中华5000多年文明，哪里有什么中国特色？如果不是中国特色，哪有我们今天这么成功的中国特色社会主义道路？我们要特别重视挖掘中华文明中的精华，弘扬中华优秀传统文化，把其中的精华同马克思主义立场观点方法结合起来，坚定不移走中国特色社会主义道路。中国共产党人坚持将中国特色社会主义植根于中华文化的沃土，把共产主义信仰、社会主义信念与中华民族伟大复兴有机结合，赋予道路制度以民族的血脉，赋予理想信念以文明的底蕴，彰显了“走自己的路”的强大底气和自信。在5000多年中华文明深厚基础上开辟和发展中国特色社会主义，把马克思主义基本原理同中国具体实际、同中华优秀传统文化相结合是必由之路。马克思主义基本原理只有同中国具体实际相结合，中国式现代化的文化形态才能够不迷失方向；马克思主义基本原理只有同中华优秀传统文化相结合，中国式现代化的文化形态才能够不断推陈出新。

持续打开中华文化发展新空间。文化空间是拥有集体记忆的文化主体进行文化实践与交往的场域，能够为理论和制度创新提供文化土壤和精神滋养，在不同的文化空间，理论和制度的展示形态不同。面对新时代新形势，我们必须在理论上跟上时代，不断认识规律，不断推进理论创新、实践创新、制度创新、文化创新以及其他各方面创新。当前，中国正经历着历史上最为广泛而深刻的社会变革，也正在进行着人类历史上最为宏大而独特的实践创新，这种伟大实践必将给文化创新创造提供强大动力和广阔空间。中华优秀传统文化、革命文化和社会主义先进文化，积淀着中华民族最深层的精神追求，代表着中华民族独特的精神标识，也是理论创新的基础和前提。理论创新必须讲新话，但不能丢了老祖宗，数典忘祖就等于割断了魂脉和根脉，最终会犯失去魂脉和根脉的颠覆性错误。中国特色社会主义文化，源自于中华民族 5000 多年文明历史所孕育的中华优秀传统文化，熔铸于党领导人民在革命、建设、改革中创造的革命文化和社会主义先进文化，植根于中国特色社会主义伟大实践。坚持和发展中国特色社会主义文化，指明了建设中国式现代化的文化形态的方向与路径。

知常明变者赢，守正创新者进。文化创新不是凭空而起，需以中华优秀传统文化为根脉。首先要坚持古为今用、以古鉴今，坚持有鉴别的对待、有扬弃的继承，而不能搞厚古薄今、以古非今，努力实现中华优秀传统文化的创造性转化、创新性发展。在马克思主义同中华优秀传统文化相结合过程中，要坚持用马克思主义基本观点科学阐释中华优秀传统文化，用唯物辩证法正确审视中华优秀传统文化，结合时代需要对其进行创造性转化和创新性发展，赋予新的价值内涵和表达形式，以实现传统文化向文化新形态的转型升级。中华优秀传统文化具有强大的思想影响力、精神感召力、价值吸引力和社会凝聚力，是当代中国最深厚的文化软实力。核心价值观是衡量文化软实力水平的最深层次要素，关系文化发展、社会稳定和国家治理全局。社会主义核心价值观充分继承了中华优秀传统文化的价值精粹，凝结了马克思主义的核心价值理念，蕴含着党和人民实现“两个结合”的价值共识。培育和践行社会主义核心价值观，必须深入挖掘和阐发中华优秀传统文化讲仁爱、重民本、守诚信、崇正义、尚和合、求大同的时代价值，使中华优秀传统文化成为涵养社会主义核心价值观的重要源泉。既要处理好社会主义核心价值观同中华优秀传统文化的继承性与发展性关系，也要做好马克思主义中国化时代化过程中中华民族优秀传统价值观的创造性转化和创新性发展工作，用中华优秀传统文化中蕴含的思想观念、人文精神、道德规范引领人们的思维方式和行为方式，培育社会主义文明新风尚，不断打开文化创新空间。

不断巩固中华民族的文化主体性。文化的本质是观念形态，具有传递文明的功用。习近平总书记指出：“任何文化要立得住、行得远，要有引领力、凝聚力、塑造力、辐射力，就必须有自己的主体性。”文化主体性是一个关乎“我是谁”“我从哪里来”“我到哪里去”的寻找文化自我的问题。“如果我们的人民不能坚持在我国大地上形成和发展起来的道德价值，而不加区分、盲目地成为西方道德价值的应声虫，那就真正要提出我们的国家和民族会不会失去自己的精神独立性的问题了。如果没有自己的精神独立性，那政治、思想、文化、制度等方面的独立性就会被釜底抽薪。”纵观中华文化发展史，从先秦诸子百家、两汉经学、魏

◆ 河北省承德市滦平县金山岭长城

纵横四万里，跨越两千年。作为我国现存规模最大的文化遗产，长城是中华民族的代表性符号和中华文明的重要象征，凝聚着中华民族自强不息的奋斗精神和众志成城、坚韧不屈的爱国情怀。它见证了历史沧桑和时代巨变，守卫中华民族生存繁衍、和平发展。古老长城巍然屹立，中华民族坚守文化主体性，赓续千年文脉，谱写新时代壮丽篇章。

晋玄学，到隋唐佛学、儒释道合流、宋明理学、清代朴学，文化主体格局逐渐稳固为以儒家为主导，兼容佛道等多个流派。伴随历代王朝的更迭，其间虽经历了焚书坑儒、文字狱等数次文化浩劫，但文脉不曾中断。其重要原因便是中华文明具有革故鼎新、与时俱进的精神气质，积淀为特色鲜明、底蕴深厚、根基稳固的文化主体性，凝聚为中华儿女的集体文化心理和共同文化意识。新时代的文化自信，来自中华民族的文化主体性。而中华民族的文化主体性是中国共产党带领亿万人民在中国大地上建立起来的，是在创造性转化、创新性发展中传承和弘扬中华优秀传统文化、继承革命文化、发展社会主义先进文化的基础上，借鉴吸收人类一切优秀文明成果的基础上建立起来的。巩固中华民族的文化主体性，不仅包含巩固传统文化的主体性，还包含中国特色社会主义文化的主体性，以发展面向现代化、面向世界、面向未来的，民族的科学的大众的社会主义文化和激发全民族文化创新创造活力为指向。这就要求我们要牢牢坚守中华文化立场，加强对中华优秀传统文化的挖掘和阐发，科学提炼展示中华文明的精神标识和文化精髓，使中华民族的文化基因与当代文化相适应、与现代社会相协调，不断铸就中华文化新辉煌。

习近平总书记指出："一切生命有机体都需要新陈代谢，否则生命就会停止。文明也是一样，如果长期自我封闭，必将走向衰落。交流互鉴是文明发展的本质要求。只有同其他文明交流互鉴、取长补短，才能保持旺盛生命活力。"创立习近平新时代中国特色社会主义思想是文化主体性的最有力体现。在新时代背景下，社会主义文化强国建设过程中的新问题新矛盾呼唤新思想新理论，要坚持以改革过程中出现的各类问题为导向，透过问题把握矛盾的统一性和斗争性、普遍性和特殊性，以准确把脉发展中国特色社会主义先进文化主体性建设的规律性。习近平新时代中国特色社会主义思想作为中华文化和中国精神的时代精华，承续民族历史血脉，阐扬中华文化精粹，集中体现了文化主体性的鲜明理论品格。这一思想既是新时代中国特色社会主义伟大实践的理论升华，又从中华优秀传统文化中获得丰厚滋养，将马克思主义理论与中华优秀传统文化融为一体，为我们在新时代更好建设中国式现代化的文化形态，提供了更具实践广度、现实深度、历史厚度、文化高度的精神主动。当前，我们正沿着中国式现代化的文化形态的建设道路奋力前行，必须坚持习近平新时代中国特色社会主义思想在坚持和发展中国特色社会主义中的指导地位，深入学习和把握其理论内涵与实践要求，坚定“四个自信”，着力用马克思主义立场观点方法指导和引领中国式现代化的文化形态建设，着力用中华优秀传统文化中的思想观念、人文精神、道德规范巩固文化主体性。

第八章

为有源头活水来

——如何在『两个结合』过程中建设中国式现代化的文化形态？

中华文明是人类文明历史长河中的一颗璀璨明珠，其突出的连续性、创新性、统一性、包容性与和平性凝结了中华优秀传统文化的深邃智慧，铸就了中华民族坚实的文明根基。近代以来，西方资本主义文明的扩张一度让内向型的中华文明彷徨失措，一方面，现代性关于历史进步的观念唤醒了中华文明的现代历史意识，使国人开始重新勘定中华文明的历史方位，展开推动中华文明现代转型的历史实践。另一方面，现代性自身弊病日渐展露又不可避免地诱发了国人对于西方资本主义文明的逆反心理，从而在“何以存续中华文明”的现实问题上踟蹰不前。伴随着俄国十月革命的胜利，中华文明终于在同马克思主义的交融中找寻到了解决这一现实问题的答案，深刻把握“两个结合”的实践进路，中国共产党徐徐拉开了建设中国式现代化的文化形态的帷幕。2023 年 6 月 2 日，习近平总书记在文化传承发展座谈会上强调：“在五千多年中华文明深厚基础上开辟和发展中国特色社会主义，把马克思主义基本原理同中国具体实际、同中华优秀传统文化相结合是必由之路。”这表明，只有在“两个结合”中，建设中国式现代化的文化形态的历史性实践才能得到现实的展开和特定的完成。对此，学术界目前多是侧重以宏阔的视野概述“两个结合”何以成就了中国化时代化的马克思主义和现代化的中华优秀传统文化，从而以“马、中、西”三种文化资源综合创新出了中国式现代化的文化形态。但值得注意的是，中国式现代化的文化形态是中华文明、社会主义文明、现代化文明的有机统一体，在“必由之路”的意义上，“两个结合”打开了建设中国式现代化的文化形态的创新空间，开辟了建设中国式现代化的文化形态的新境界。只有从中国式现代化的文化形态出发，深入揭示“两个结合”同建设中国式现代化的文化形态的内在关联，才能更好地担负起新时代的文化使命。

一、中国式现代化的三重文明形态辨析

“文明是实践的事情”，建设中国式现代化的文化形态附着于中国式现代化的实践基础之上。中国式现代化是具有鲜明中国特色的社会主义现代化，因此，就应然的目标而言，中国式现代化的文化形态必然是中华文明、社会主义文明、现代化文明的有机统一体，必然呈现为中华文明的现代形态、社会主义文明的中国形态和现代化文明的超越形态。

（一）中华文明的现代形态

中国式现代化的文化形态首先是中华文明而不是其他什么文明，其高度的文明主体性并不因现代转型而迷失。这既是由中华文明的连续性特质决定的，更是由中国式现代化历史辩证的文明观决定的。一方面，中华文明强劲的延续力将中华民族对“我们是谁、我们从何处来、我们要到何处去”这一元问题的回答镌刻在炎黄子孙的基因深处，推动自身不断从“古代”经“现代”走向“未来”。正因如此，如果不从源远流长的历史连续性来认识中国，就不可能理解古代中国，也不可能理解现代中国，更不可能理解未来中国。一是，在中华文明历史上，作为传承工具的语言文字从未中断。现代汉字经由“甲骨文—金文—小篆—隶书—楷书”的演变历程清楚完整，语法结构也未发生根本性变化，这就为中华文明智慧的延续和传承创造了必要条件。二是，在中华文明历史上，作为“根脉”的中华优秀传统文化从未中断。中华文化自“三代”礼乐文明产生以来，历经春秋时期的百家争鸣，两汉儒家伦理的逐渐主流化，

魏晋玄学与儒道的融合，隋唐佛学与三教文化格局的初步奠定，宋明理学与三教的融合，清代朴学的兴起，绵延数千年而不衰。其中蕴含的刚健有为的人文精神、天下为公的政治理念、协和万邦的天下意识等精华内容为中华文明的现代转型汇聚起强大精神动力。三是，在中华文明历史上，作为现实基础的多元一体文明发展格局从未中断。从部落联盟到文明国家的形成，从“协和万邦”到“溥天之下，莫非王土；率土之滨，莫非王臣”，中华文明趋向统一的文化认同与政治理念逐渐清晰，这就为建设中国式现代化的文化形态筑牢了向心力和凝聚力。

另一方面，中国式现代化以彻底的辩证态度对待中华文明，强调建设中国式现代化的文化形态不能没有中华优秀传统文化的滋养，坚持不忘本来地推动中华优秀传统文化创造性转化、创新性发展。一是，中国式现代化明确了中华优秀传统文化作为“中华文明的智慧结晶”，作为中华民族的“根脉”的重要定位，始终致力于推动中华文明创造性转化、创新性发展，激活其生命力，让中华文明同各国人民创造的多彩文明一道，为人类提供正确精神指引，牢牢把握建设中国式现代化的文化形态的历史主动。二是，中国式现代化以“古为今用，洋为中用”的辩证逻辑破除了既往长期存在的文化“古今中西之争”，在深刻认识传统文化历史局限性的同时，深入挖掘其中与建设中国式现代化的文化形态相适应的部分，守正而不守旧，尊古而不复古，开辟了建设中国式现代化的文化形态的广阔空间。

（二）社会主义文明的中国形态

中国式现代化的文化形态的实践宗旨是要超越私有制基础上的“文明”，实现未来共产主义社会“真正的普遍的文明”。从历史的长时段来看，中华文明曾长期处于世界领先地位，但并未依凭经济上以及科技上的优厚条件率先跨越现代文明的门槛。无论对于这一事实做何解读，必须承认的是，中华文明在成长过程中彰显出的固有价值取向和文化性格迥异于西方文明。英国哲学家罗素曾坦言：“我们的繁盛以及我们努力为自己攫取的大部分东西都是依靠侵略弱国而得来的，而中国的力量不至于加害他国，他们完全是依靠自己的能力来生存的。”无论是在人与自然的关系上还是在人与人的关系上，中华文明从未采取征服和奴役的姿态，

经典文献

坚持和发展马克思主义，必须同中华优秀传统文化相结合。只有植根本国、本民族历史文化沃土，马克思主义真理之树才能根深叶茂。中华优秀传统文化源远流长、博大精深，是中华文明的智慧结晶，其中蕴含的天下为公、民为邦本、为政以德、革故鼎新、任人唯贤、天人合一、自强不息、厚德载物、讲信修睦、亲仁善邻等，是中国人民在长期生产生活中积累的宇宙观、天下观、社会观、道德观的重要体现，同科学社会主义价值观主张具有高度契合性。我们必须坚定历史自信、文化自信，坚持古为今用、推陈出新，把马克思主义思想精髓同中华优秀传统文化精华贯通起来、同人民群众日用而不觉的共同价值观念融通起来，不断赋予科学理论鲜明的中国特色，不断夯实马克思主义中国化时代化的历史基础和群众基础，让马克思主义在中国牢牢扎根。

——节选自党的二十大报告

而是以“文明以止”的反身性姿态扬弃了“自我中心化倾向”，率先走向了文明的成熟。正因如此，当中华文明遭遇现代性的冲撞而不得不谋求出路时，在经历过诸般比较和尝试之后，终于将文明存续的希望寄托在了社会主义的伟大胜利之上。诚然，在特定的历史情境下，选择社会主义的文明路向是“无可如何的山穷水尽诸路皆走不通了的一个变计”，但中华文明内蕴的“天下为公”“为政以德”“革故鼎新”等价值理念同科学社会主义价值观主张的高度契合性无疑在情感上增强了其对于社会主义文明的认同，继而树立起牢不可破的共产主义文明信仰。

再者，社会主义的文明事业在不同国家内部表现为不同民族的具体形态，建设中国式现代化的文化形态的过程同时是开创和发展中国特色社会主义的过程。中国特色社会主义不是简单套用马克思主义经典作家设想的模板，不是其他国家社会主义实践的再版，而是社会主义文明在中国的创新创造。一方面，中国特色社会主义作为道路、理论、制度、文化的统一体，经过改革开放以来中国共产党的辛勤耕耘在各方面取得了历史性成就，从而在文明形态意义上通过对中国之问、世界之问、时代之问的原创性回答使自身的价值得以不断彰显。另一方面，中国特色社会主义作为物质文明、政治文明、精神文明、社会文明、生态文明的统一体，在“五个文明”相互联系、相互促进的协调发展中实现了整体性进步，从而以人类文明新形态的全新姿态昭示了建设中国式现代化的文化形态的无限可能。

（三）现代化文明的超越形态

文明并不是一经产生便凝固不变的，当人类永久划分开了文明与野蛮的界限时，通过坚持不懈地创造并在创造基础上优化便构成文明发展的基本逻辑。纵观整个人类文明史，古今之变是最为令人瞩目的文明大事变。古代文明之于整个人类文明的奠基性意义在于：人类在初步掌握自然运行的秩序规律的基础上，对自身以及社会再生产方式进行了有效规划，生成了能够维持社会政治秩序和心灵秩序良性运转的基本方式。与此同时，古代文明也内在地制约了人类文明发展的广度和高度，比如，其确立的高于人的神性权力在一定程度上阻碍了人道主义的成长，其建立的人文知识系统未能将人文文化与科学文化紧密联结起来等。正是囿于这种局限性，古代文明必然在承其精华、弃其糟粕的总体走向之下，阔步迈向更为健全的现代文明。就此而言，现代化可谓是一场广泛、持久而深刻的文明变革，现代文明是人类文明必然要经历的一个阶段。

现代文明的创生无疑是世界历史性的，但欧洲以其得天独厚的历史条件有机整合了各类非西方的零星文明要素，逐渐占据了现代文明体系的核心位置。尤其是资本问世以来，一方面，资本主义现代化创造出更有利于生产力发展、更有利于社会关系发展、更有利于更高级文明形态发展的文明要素。民主政治、市场经济与多元文化写就了资本主义文明作用的历史注脚。但另一方面，资本对现代文明的主宰又不可避免地冲破了一切田园诗般的美好愿景，使野蛮同文明相伴而在。“死的物质对人的完全统治”，正是对这种“文明”表象掩盖之下的不文明的揭露。对此，马克思以英国在东方社会的殖民统治为例，不无讽刺地说道：“当我们把目光从资产阶级文明的故乡转向殖民地的时候，资产阶级文明的极端伪善和它的野蛮本性就赤裸裸地呈现在我们面前，它在故乡还装出一副体面的样子，而在殖民地它就丝毫不加掩饰了。”这看似悖谬，却是现代文明本身的辩证法。由此可见，人类文明的出路必不在于资本主义的现代文明，建设中国式现代化的文化形态必须坚定站在历史正确的一边、站在人类文明进步的一边，以“人民中心”逻辑超越“资本中心”逻辑，不断开辟人类现代文明发展的新境界。

二、“两个结合”打开了建设中国式现代化的文化形态的创新空间

作为一项“未竟的事业”，建设中国式现代化的文化形态需要在不断地思想解放中扬弃既往文明成果，融汇“他山之石”，推动文明的创新创造。在“必由之路”的意义上，“两个结合”打开了创新空间，“让我们掌握了思想和文化主动，并有力地作用于道路、理论和制度”，使建设中国式现代化的文化形态始终葆有旺盛的生机与活力。

（一）“两个结合”筑牢了中国式现代化的文化形态的道路根基

“方向决定道路，道路决定命运。”建设中国式现代化的文化形态的首要问题是道路选择，既不能走封闭僵化的老路，也不能走改旗易帜的邪路，只能坚定不移地走中国特色社会主义道路。“两个结合”正是探寻中国特色社会主义道路的发展规律，筑牢中国式现代化的文化形态道路根基的最大法宝。一方面，“两个结合”拓展了中国特色社会主义道路的历史纵深，彰显了建设中国式现代化的文化形态的道路自觉。从源头来看，中国特色社会主义道路的开创本就是同源远流长的中华文明分不开的。“如果没有中华五千年文明，哪里有什么中国特色？如果不是中国特色，哪有我们今天这么成功的中国特色社会主义道路？”“两个结合”坚守了中华文明“走自己的路”的自尊心和自信心，以马克思主义的真理力量激活了中华文明的独立自主精神，不断提出解决中国实际问题的新观念、新思路、新办法。改革开放以来，中国共产党在“两个结合”中克服了“以苏为师”发展道路的弊端，明确了中国特色社会主义的道路

选择，深入剖析了其本质内涵、战略目标、行动指南等问题，大幅推进了建设中国式现代化的文化形态的历史进程。

经典文献

坚持理论创新。马克思主义是我们立党立国、兴党强国的根本指导思想。马克思主义理论不是教条而是行动指南，必须随着实践发展而发展，必须中国化才能落地生根、本土化才能深入人心。党之所以能够领导人民在一次次求索、一次次挫折、一次次开拓中完成中国其他各种政治力量不可能完成的艰巨任务，根本在于坚持解放思想、实事求是、与时俱进、求真务实，坚持把马克思主义基本原理同中国具体实际相结合、同中华优秀传统文化相结合，坚持实践是检验真理的唯一标准，坚持一切从实际出发，及时回答时代之问、人民之问，不断推进马克思主义中国化时代化。习近平同志指出，当代中国的伟大社会变革，不是简单延续我国历史文化的母版，不是简单套用马克思主义经典作家设想的模板，不是其他国家社会主义实践的再版，也不是国外现代化发展的翻版。只要我们勇于结合新的实践不断推进理论创新、善于用新的理论指导新的实践，就一定能够让马克思主义在中国大地上展现出更强大、更有说服力的真理力量。

——节选自《中共中央关于党的百年奋斗重大成就和历史经验的决议》

另一方面，"两个结合"塑造了中国特色社会主义道路的独特优势，增强了建设中国式现代化的文化形态的道路自信。中国特色社会主义道路之所以能够行稳致远，根本上是因为其具有其他发展道路所无可比拟的巨大优势。一是，"两个结合"使马克思主义的人民观同中华文明内蕴的民本思想相连通，明确了中国特色社会主义道路以人民为中心的价值立场。2021 年，我国脱贫攻坚战取得重大胜利，区域性整体贫困得到解决，完成了消除绝对贫困的艰巨任务，创造了又一个彪炳史册的人间奇迹。这既标志着实现全体人民共同富裕取得实质性进展，更向世人昭示了中国特色社会主义道路的非凡自信。二是，"两个结合"使马克思主义的系统观念同中华文明内蕴的和谐辩证思维相融合，谋划了中国特色社会主义事业"五位一体"总体布局和"四个全面"战略布局，全方位凝聚社会发展要素的合力，为世界其他国家探寻适合自身特点的发展道路贡献了可资借鉴的经验智慧。

（二）"两个结合"升华了中国式现代化的文化形态的理论境界

理论是时代的先声，文明的进步一刻不能没有理论思维，一刻不能没有思想指引。马克思有言："理论在一个国家实现的程度，总是取决于理论满足这个国家的需要的程度。"中华人民共和国成立以来，推动文明进步之所以成果显著，是与中国共产党通过"两个结合"不断开辟马克思主义中国化时代化新境界分不开的。一方面，"两个结合"坚持一切从实际出发，及时回答时代之问和人民之问，将实践经验总结升华为科学理论，从而不断推进马克思主义中国化时代化。尤其是新时代以来，以习近平同志为核心的党中央坚持"两个结合"，深刻总结并充分运用党成立以来的历史经验，从新的实际出发，就新时代党和国家事业发展的一系列重大问题进行了深邃思考和科学判断。就新时代坚持和发展什么样的中国特色社会主义、怎样坚持和发展中国特色社会主义，建设什么样的社会主义现代化强国、怎样建设社会主义现代化强国，建设什么样的长期执政的马克思主义政党、怎样建设长期执政的马克思主义政党等重大时代课题，提出一系列原创性的治国理政新理念新思想新战略，创立了习近平新时代中国特色社会主义思想，实现了马克思主义中国化新的飞跃。

另一方面，“两个结合”坚持将中华优秀传统文化作为理论创新的“根”，不断从中华优秀传统文化中提炼出精华内容作为中国化时代化马克思主义理论的有效滋养，从而不断推进马克思主义中国化时代化。习近平新时代中国特色社会主义思想作为中华文化和中国精神的时代精华，正是“两个结合”的光辉典范。这一思想深刻汲取中华优秀传统文化所蕴含的丰富的思想理念、人文精神、道德规范，通过创造性转化和创新性发展，彰显出融通古今、与时偕行的精神品质，向世界展示了中华文化风格。比如，“坚持人民至上”“坚持以人民为中心的发展思想”“全体人民共同富裕”体现了中华优秀传统文化关于以民为本、安民富民乐民的思想；“生态文明”理念体现了中华优秀传统文化关于道法自然、天人合一的思想；“守正创新”体现了中华优秀传统文化关于恪守正道、革故鼎新、“苟日新，日日新，又日新”的思想等。总而言之，“两个结合”以马克思主义的科学世界观和方法论充分激发了潜藏在中华优秀传统文化中的巨大能量，赋予了马克思主义中国化时代化的理论创新以强大的文化魅力。

（三）“两个结合”推进了中国式现代化的文化形态的制度创新

制度是人类文明成果的集中体现，制度建设赋予文明形态以持久的稳定性。党的十九届四中全会强调，“中国特色社会主义制度和国家治理体系是以马克思主义为指导、植根中国大地、具有深厚中华文化根基、深得人民拥护的制度和治理体系”。这一体系构成了建设中国式现代化的文化形态的刚性力量保障。中国共产党在“两个结合”中不断塑造和彰显中国特色社会主义制度的巨大优势，以制度创新助力文明创造。总体来看，“两个结合”充分凝练了中华文明内蕴的“为政以德”的治国理念，从伦理道德层面强化了中国特色社会主义制度的内在约束性。比如，就国家治理而言，中国特色社会主义制度既发挥法治对德治的保障作用，运用法治手段解决道德领域突出问题，同时强化道德对法治的支撑，以社会主义核心价值观教化引导人们更好地去遵守法律规范，提高全社会的法治化水平。

具体来看，一是，“两个结合”塑造了中国特色社会主义制度“坚持全国一盘棋，调动各方面积极性，集中力量办大事”的显著优势。中华优秀传统文化具有“凝心聚力”的社会功能，在社会管理功能上，中华优秀传统文化注重以文化人，强调社会成员在政治伦理主导下行为自律和行为规范；在社会动力功能上，中华优秀传统文化注重通过个人价值与社会价值的统一，充分汇聚社会成员的合力。在“两个结合”中，中华优秀传统文化的深邃政治智慧转化为推动中国特色社会主义制度创新的重要能量，以显著的制度优势防范化解了一系列风险和挑战。二是，“两个结合”塑造了中国特色社会主义制度“选贤任能，聚天下英才而用之”的制度优势。选贤任能是中华文明的优良历史传统，关于贤人的评判标准，孔子认为是“志于道，据于德，依于仁，游于艺”。关于贤人的选拔，中华文明更是积淀了“用人如器，各取所长”“观诚，考言，视声，观色，观隐，揆德”等智慧结晶。在“两个结合”中，中国特色社会主义制度“把党和人民需要的好干部精心培养起来、及时发现出来、合理使用起来”，贯彻落实了人尽其才的目标指向。

传统智慧

1. 宰相必起于州部，猛将必发于卒伍。——《韩非子·显学》

【释义】宰相必定是从地方下层官员中提拔上来的，猛将必定是从士兵队伍中挑选出来的。

2. 盖有非常之功，必待非常之人。——《汉书·武帝纪第六》

【释义】要建立不寻常的功业，必须依靠不寻常的人才。

3. 邦之兴，由得人也；邦之亡，由失人也。得其人，失其人，非一朝一夕之故，其所由来者渐矣。——《策林·辨兴亡之由》

【释义】国家兴盛，在于拥有人才；国家灭亡，则是因为丧失人才。得人也好，失人也好，都不是一朝一夕所致，而是长期发展变化的结果。

（四）"两个结合"增强了中国式现代化的文化形态的文化底蕴

文明是文化的社会结晶，文化是文明的精神纽带。马克思主义的根本特性和中华文明的突出特性共同决定了，中国式现代化的文化形态的文化形态是中国特色社会主义文化。习近平总书记指出："中国特色社会主义文化，源自于中华民族5000多年文明历史所孕育的中华优秀传统文化，熔铸于党领导人民在革命、建设、改革中创造的革命文化和社会主义先进文化，植根于中国特色社会主义伟大实践。""两个结合"是实现中国特色社会主义文化发展繁荣的根本途径，一是，“两个结合”赓续了中华优秀传统文化的优质基因。文化系统具有可解析性和可重构性，在“两个结合”中，马克思主义通过引领中国社会现代转型将作为整体系统存在的建基于农耕自然经济基础上的中华传统文化逐步分解为文化要素，继而以“是否符合中国具体实际的发展需要”为动态标准从中华传统文化中汰选出精华内容，并通过发掘其隐含意义、对其进行重新诠释和联结重构、赋予其时代意涵等途径推动中华优秀传统文化与建设中国式现代化的文化形态相协调。二是，“两个结合”承继了革命文化的丰富资源。革命文化是在马克思主义中国化时代化过程中孕育出来的独特文化形态，是“两个结合”的重要文化成果。建设中国式现代化的文化形态必须正视两种文化传统：“一个是中华民族自古以来的民族文化传统”；“一个是中国共产党成立以来领导中国人民在革命斗争和社会主义建设中铸就的文化传统”，即革命文化传统。在“两个结合”中，中国共产党锤炼出以伟大建党精神为源头的精神谱系，为建设中国式现代化的文化形态开辟了强劲的精神动力源。三是，“两个结合”塑造了社会主义先进文化的优异品质。社会主义先进文化是面向现代化、面向世界、面向未来的，民族的科学的大众的社会主义文化，“两个结合”正是其先进性生成的文化逻辑。在“两个结合”中，中国共产党不断巩固马克思主义在意识形态领域的指导地位，培育和践行社会主义核心价值观，健全和保障人民文化权益，坚持正确的舆论导向，建立健全将社会效益置于首位的文化创作生产体制机制，科学回答了文化怎么领导、为谁服务、如何建设等时代之问和人民之问，牢牢把握住社会主义先进文化的前进方向。

三、在“两个结合”中开辟建设中国式现代化的文化形态新境界

“两个结合”赓续了中华文明基因，明确了社会主义文明方向，开辟了现代化文明新路，是持续推进建设中国式现代化的文化形态的思想遵循和行动指南。展望未来，必须以守正创新的正气和锐气谱写中华文明的当代华章，必须以自信自立的昂扬斗志实现精神上的独立自主，必须以开放包容的广博胸襟汲取人类文明的优秀成果，从而不断在“两个结合”中开辟建设中国式现代化的文化形态新境界。

（一）坚持守正创新，不断谱写中华文明当代华章

守正才能不忘本来，创新方能引领时代。守正创新是“两个结合”在新时代的哲学表达，体现了“变”与“不变”、原则性与创造性的辩证智慧。“守正”是“创新”之根本，坚持“守正”才能不变质、不褪色；“创新”是“守正”之动力，坚持“创新”才能行得稳、走得远。建设中国式现代化的文化形态，一是要守好马克思主义的“魂脉”之正，确保马克思主义在意识形态领域的指导地位，建设具有强大凝聚力和引领力的意识形态。为此，既需要在价值理性层面依托系统的价值观体系来构建具有中国特色的话语体系、学术体系、学科体系，支撑主流意识形态建设；也需要在工具理性层面加强党对各类文化媒介的把控，加强网络强国建设，提高意识形态的斗争能力。二是要守好中华优秀传统文化的“根脉”之正。中华文明历经沧桑而不衰的奥秘之一就在于文化主体性的不断强化，“两个结合”推动实现马克思主义中国化时代化的理论飞跃，创立习近平新时代中国特色社会主义思想就是这一文化主体性的最有力

体现。为此，既要结合新的时代条件，通过实施中华优秀传统文化传承发展工程，加强中国国家版本馆建设等途径传承好中华文化精髓，更要充分利用现代化的文化发展方式和传播方式，通过影视剧、话剧、舞台剧等艺术表现形式，依托微信、微博、抖音等互联网媒介，生动呈现、广泛传播中华优秀传统文化。

建设中国式现代化的文化形态，要不断推进马克思主义中国化时代化，创新中国式现代化伟大实践。只有以中国具体实际为框架，以中华优秀传统文化为根基，马克思主义才能真正建立起同中国式现代化的文化形态的内在关联。正因如此，建设中国式现代化的文化形态，必须以马克思主义的科学世界观和方法论解决中国社会发展的现实问题，用中国道理总结好中国经验，把中国经验提升为中国理论，推动实践基础上的理论创新。与此同时，只有植根本国、本民族历史文化沃土，马克思主义真理之树才能根深叶茂。建设中国式现代化的文化形态必须找准中华优秀传统文化同科学社会主义价值观的契合融通之处，从中华优秀传统文化中汲取能够为解决现代化发展难题提供经验借鉴的深邃智慧，从而助力以中国式现代化全面推进中华民族伟大复兴。

（二）坚定文化自信，不断实现精神上的独立自主

习近平总书记强调："人无精神则不立，国无精神则不强。唯有精神上站得住、站得稳，一个民族才能在历史洪流中屹立不倒、挺立潮头。"建设中国式现代化的文化形态，既需要坚实的物质基础作支撑，更需要强大的精神基础作保障，实现精神上的独立自主正是这种强大的精神基础。而文化自信表征一个国家或民族对本国、本民族文化成果积极的、稳定成熟的心理状态，是实现精神上的独立自主的重要写照。换言之，文化自信与精神上的独立自主同向同行。没有坚实的文化自信，则精神

◆ 北京故宫

2024年7月27日，联合国教科文组织第46届世界遗产大会通过决议，将“北京中轴线——中国理想都城秩序的杰作”列入《世界遗产名录》。“北京中轴线”纵贯北京老城南北，始建于13世纪，形成于16世纪，此后经不断演进发展，形成今天全长7.8公里、世界上最长的城市轴线。15个遗产构成要素自北向南依次为：钟鼓楼、万宁桥、景山、故宫、端门、天安门、外金水桥、太庙、社稷坛、天安门广场及建筑群（天安门广场、人民英雄纪念碑、毛主席纪念堂、国家博物馆和人民大会堂）、正阳门、南段道路遗存、天坛、先农坛、永定门。“北京中轴线”由古代皇家宫苑建筑、古代皇家祭祀建筑、古代城市管理设施、国家礼仪和公共建筑以及居中道路遗存五大类遗存共同组成，其选址、格局、城市形态和设计体现了《周礼·考工记》所记载的理想都城范式，展现了中国古代城市规划传统，见证了北京城市的发展演变，是体现中华文明突出特性的重要标识。

上或亦步亦趋，或盲目自大。没有精神上的独立自主，更遑论树立深沉而广泛的文化自信。正因如此，毛泽东言及中国新民主主义革命历史经验时特别强调：“自从中国人学会了马克思列宁主义以后，中国人在精神上就由被动转入主动。从这时起，近代世界历史上那种看不起中国人，看不起中国文化的时代应当完结了。”因此，建设中国式现代化的文化形态，必须强化对实现精神上的独立自主的自觉，奠定文化自信的前提和基础。实际上，这正是使精神上的独立自主在认识与实践上达到有机统一状态的重要途径。

一是，应当充分发掘精神上的独立自主的内涵，包括理想信念、价值立场、理论建构、精神动力、情感表达上的独立自主。在理想信念上防范和抵御资本主义意识形态的腐蚀、污染和渗透，增强对社会主义、共产主义的坚定信念；在价值立场上坚守本我，培育和践行社会主义核心价值观；在理论建构上摆脱充当西方学徒的状态和西方思想理论的束缚，创造根植中国实践和中国文化的原创性理论；在精神动力上发扬以爱国主义为核心的民族精神、以改革创新为核心的时代精神，将中华民族独有的精神资源转化为精神动力；在情感表达上根据国家、民族、政党的利益选择适当形式和制定适当的策略，将人民群众对中华民族和中国共产党的深沉热爱之情充分表达出来。

二是，应当充分理解实现精神上的独立自主的重大意义。既要从全局出发，把握实现精神上的独立自主之于推进全面建设社会主义现代化国家的重大战略意义。通过科学的政策规划逐步破除外界因素特别是西方国家对中国人民的精神束缚，增强中国人民的精神主动性。更要锚定具体的社会问题，把握实现精神上的独立自主之于满足人民日益增长的美好生活需要，尤其是精神文化需要的重大现实意义。通过灵活的策略实施调动人民群众参与社会主义精神文明建设的积极性和主动性，进一步提高人民群众精神生活的质量。

（三）坚持开放包容，不断汲取人类文明优秀成果

文明因交流而多彩，文明因互鉴而丰富。文明的交流互鉴是推动人类文明进步与世界和平发展的重要动力。中华文明蕴含的包容性特质从根本上决定了中华民族交往交流交融的历史取向，决定了中华文化对世界文明兼收并蓄的开放胸怀。尤其是进入世界历史时代，民族的、国家的、地域的文明，其孤立状态逐步被打破，人类文明的普遍交往已经成为一个不可逆转的大趋势。此种情境之下，建设中国式现代化的文化形态必须在保持文化上的自我主体性和自主地位的前提下，一如既往地坚持文化上的开放姿态，充分吸收和借鉴人类文明的一切优秀成果。

一是，要坚持各美其美，以文明交流超越文明隔阂。文明不分民族、不分国界，一切文明成果都值得尊重，一切文明成果都要珍惜。“各美其美”既是对他者文明的意义、价值的了然，也是对中华文明的自我觉察、自我反省。同时，文明因交流而不同，只有在平等的交往对话中，才能洞察其他文明之“美”，展现自身文明之“美”，从而打开文明交往的新格局。

二是，要坚持美人之美，以文明互鉴超越文明冲突。正因为每个文明都有自身之“美”，都能对其他文明的发展进步和人类文明的整体性进步产生正向推动作用，故而绝不能以自身文明的单一尺度去评判其他文明的优劣。纵观人类文明历史，不同类型的文明之间经常性的矛盾和冲突随处可见。但无论这种冲突如何激烈，都不能从根本上摆脱或拒绝不同文明之间的相互补充和借鉴。那种妄图以自身文明的特殊性取代人类文明多样性的一叶障目式的文明发展观只会将人类文明引入歧途。在平等的文明交往中相互学习、取长补短，以积极主动的姿态发现、欣赏和

称赞其他文明之“美”，才是契合人类文明发展规律的沧桑正道。

三是，要坚持美美与共，以文明共存超越文明优越。在中国式现代化擘画出的文明交往图景中，所有的人类文明实体共同组成了一个平等、民主、公平的文明大家庭。这个文明大家庭“以现实的行动尽可能弥合‘自我’‘他者’之间在视角、立场上的差异，以建设性的方式来协调文明之间在利益上与价值上存在的冲突与矛盾，走向和谐、共生与共识”。“美美与共”就是要向着真善美这一人类文明的终极价值目标，开辟人类文明的全新发展路径，聚合一切文明力量共建世界文明百花园。

第九章

涓涓不止江河生

——如何认识创造人类文明新形态与建设中华文明的现代形态？

人类文明发展常被人们比喻成一条长河，以表达其遵循自身规律并不断发展演进的状态和进程。人类文明发展及文明形态的创造没有完成时，只有进行时；人类文明发展没有“终结”，也不会“终结”；人类文明形态没有“最终版本”，也没有“绝对版本”。中国式现代化创造的人类文明新形态既符合人类文明发展的多样性规律、开放性规律、和平性规律，又与人类文明发展以实现人类解放和人的自由全面发展的最终目的相契合，是人类文明发展合规律性和合目的性的统一，代表着人类文明进步的发展方向，是人类文明发展的崭新形态。中国式现代化推动了中华文明的现代转型、彰显了中华文明发展新的高度，创造了中华文明的现代形态。中国式现代化坚持马克思主义的文明观，在深刻总结社会主义现代化建设正反两方面经验的基础上，取得了举世瞩目的发展成就，充分彰显了社会主义的活力和优势，坚持和发展了中国特色社会主义文明。从根本性质和日标前途来讲，中华文明的现代形态就是中国特色社会主义文明，是社会主义人类文明新形态，其前途是未来的共产主义社会文明新形态。新时代新征程，建设中华文明的现代形态，必须坚持和发展中国特色社会主义，立足于中国式现代化的伟大实践，牢牢把握“两个结合”的根本途径，在传承和弘扬中华文明、丰富和发展人类文明新形态中不断向前推进。

一、人类文明新形态是中国式现代化创造的人类文明发展的崭新形态

在学习贯彻党的二十大精神研讨班开班式上，习近平总书记指出：

“中国式现代化，深深植根于中华优秀传统文化，体现科学社会主义的先进本质，借鉴吸收一切人类优秀文明成果，代表人类文明进步的发展方向，展现了不同于西方现代化模式的新图景，是一种全新的人类文明形态。”中国式现代化所开创的人类文明形态，符合人类文明发展的多样性、开放性、和平性规律，契合实现人类解放和人的自由全面发展的人类文明发展目的，是人类文明发展合规律性和合目的性的统一，深刻回答了“人类文明要向何处去”的时代之问，代表了人类文明进步的发展方向。

（一）人类文明新形态符合人类文明发展的规律

文明没有所谓一成不变的绝对的“文明标准”，但文明发展无疑是有一定的普遍性规律可循的。从人类文明发展的总体进程来看，文明发展始终遵循多样性、开放性、和平性的规律要求。凡是追求纯粹单一的、主张封闭自守的、迷信暴力战争的文明都会因其悖逆文明发展规律而不能长久，同时会成为阻碍人类文明进步的障碍。

第一，文明多样性规律。文明的多样性规律根源于文明产生和发展的内在要求。首先，多样性是文明产生的重要基础。文明诞生于人类的实践活动，这种实践活动既包括人类改造自然的实践活动，也包括人类不同群体间的交往实践活动。在处理人与自然关系的实践活动中，人类会面临不同的自然条件，形成不同的文明认知，然后不同人类个体和群体在多样化认知的交流碰撞中，文明就产生了。其次，多样性是文明发展的必要条件。人类文明从一开始就是多样的，在文明初期会呈现出多点萌发的态势。比如，中华文明的起源就呈现出“满天星斗”的格局，文明的多样性和多样文明间的交往交流交融最终成就了中华文明。“物之不齐，物之情也。”人类文明正是在多元文明的交流互鉴、交往交融中实现发展的。最后，多样性是文明发展的必然结果。马克思认为，人们是在直接碰到的、既定的、从过去承继下来的条件下创造自己的历史的。习近平总书记指出，“任何一个国家、一个民族都是在承先启后、继往开

延伸阅读

佛教产生于古代印度，但传入中国后，经过长期演化，佛教同中国儒家文化和道家文化融合发展，最终形成了具有中国特色的佛教文化，给中国人的宗教信仰、哲学观念、文学艺术、礼仪习俗等留下了深刻影响。中国唐代玄奘西行取经，历尽磨难，体现的是中国人学习域外文化的坚韧精神。根据他的故事演绎出神话小说《西游记》。中国人根据中华文化发展了佛教思想，形成了独特的佛教理论，而且使佛教从中国传播到了日本、韩国、东南亚等地。

2000多年来，佛教、伊斯兰教、基督教等先后传入中国，中国音乐、绘画、文学等也不断吸纳外来文明的优长。中国传统画法同西方油画融合创新，形成了独具魅力的中国写意油画，徐悲鸿等大师的作品受到广泛赞赏。中国的造纸术、火药、印刷术、指南针四大发明带动了世界变革，推动了欧洲文艺复兴。中国哲学、文学、医药、丝绸、瓷器、茶叶等传入西方，渗入西方民众日常生活之中。《马可·波罗游记》令无数人对中国心向往之。

来中走到今天的”。人类文明自诞生之日起就是多样性的，虽然在文明发展过程中会有交流交融、互学互鉴，但文明发展的根基必然深植于自身固有的文明传统中，文明发展的主体性必须掌握在本民族手中。人类文明从来不是单一的，而是多样的；文明发展也从来不是单线的，而是多元共进的。西方的现代化试图消除文明多样性，认为西方文明就是“历史的终结”“永恒的存在”，这是与文明发展规律相悖的。中国式现代化创造的人类文明新形态主张让多样化的文明在现代化进程中互鉴共进、创新发展，代表了人类文明进步的发展方向。

第二，文明开放性规律。开放性是文明产生和发展的必然要求。首先，文明的产生是多样性和开放性共同促进的结果。没有开放性，文明的多样性只可能是一个个孤立的单一文明样态；没有多样性，开放也就变得毫无意义。因此，文明在生成的那个时候，一定是多种思想和多种生活状态在一个开放的环境里相互冲击的结果。其次，文明的发展内在地要求文明之间要相互开放和包容。文明是相互滋养的，以开放和包容的态度对待外来文明，不但可以丰富本土文明内容，还可以通过汲取外来文明的优秀成果和先进成分激活本土文明的创新创造能力，使本土文明加快新陈代谢，进而增添本土文明活力。正如陈寅恪在论及唐代为何能创造空前繁荣的中华文明时所说的：“盖取塞外野蛮精悍之血，注入中原文化颓废之躯，旧染既除，新机重启，扩大恢张，遂能别创空前之世局。”最后，开放性是文明高水平发展的必然体现。历史一再证明，越是发展水平高、活力强，代表人类文明发展方向的文明形态越是表现出较强的开放性和包容性；越是文明发展水平低、活力差，行将走向灭亡的文明形态就越是表现出较强的封闭性和排斥性。中国式现代化所创造的人类文明新形态主张全方位、全领域的对外开放，充分体现出作为一个全新文明形态的强适应性、高包容性和发展水平的先进性，展现出强大的文明活力和生命力，代表了人类文明进步的发展方向。

第三，文明和平性规律。和平性是文明产生和发展的根本条件。首先，就个体而言，文明其实就是一个人更严格全面适度地控制自己的情感与行为的过程。文明的这种要求在古希腊文明属于“节制”的美德，在传统中国文明中称为“礼”。这种对自我情感与行为的控制主要是为了保证个体内心的“平和”与个体间关系的“和平”。因此，文明意味着较少诉诸武力、更有科学精神、更能接纳外人。其次，就群体而言，文明是不可能在“所有人对所有人的战争”的丛林状态中产生的，对和平与秩序的共同愿景使人类“走出丛林”，然后人类文明才会产生和发展。最后，文明的和平性是文明多样性和开放性规律的必然要求。文明发展的前提是多元文明间的交流交融、互学互鉴，而多元文明共存、平等友好交流的前提是和平。战争与暴力尽管有时可能会充当文明发展“历史的不自觉的工具”，但它所带来的混乱最终“对全部文明都将是一种威胁”。中国式现代化所创造的人类文明新形态始终坚持走和平发展道路，在坚定维护世界和平与发展中谋求自身发展，又以自身发展更好维护世界和平与发展，站在了历史正确的一边和人类文明进步的一边，代表了人类文明发展的要求。

（二）人类文明新形态契合人类文明发展的目的

人类的一切意识活动都是以一定目的为依据并追求一定意义的思维过程。文明作为人类的一种意识活动，目的更是贯穿这种意识活动的过程始终。马克思在谈到人类社会历史时指出，“历史不过是追求着自己的目的的人的活动而已”。因此，文明可以说是人类的一种自觉的有目的的高级意识活动。而人类文明发展的目的归根结底只有一个，那就是人自身的发展以及作为人的价值的实现。马克思基于唯物史观明确指出，人类文明未来“将是这样一个联合体，在那里，每个人的自由发展是一切人的自由发展的条件”。因此，文明作为人类发展的一种进步状态，“迈向自由”是其本质和目的。

文明产生于人类认识自然、改造自然的实践活动。在人类文明发展的早期，由于生产力水平低下，人类的实践活动极大地受限于外部自然世界，人与人必须联合成为一个可以相互依赖的共同体，才可以“在狭小的范围内和孤立的地点上”生存发展。同时，面对无法抗拒又无法解释的自然力量，神灵崇拜、宗教信仰就产生了，它们在给人带来精神慰藉的同时被统治者所利用，进而成为束缚人自由思想和行动、维护阶级统治的工具。这一时期，人的自由既受限于外部自然界，又受限于因此而产生的人的依赖关系。

随着生产力的发展，人类改造自然的实践能力得到极大拓展，个人开始从自然形成的各种人身依赖的枷锁中挣脱出来，得到了前所未有的独立和自由。马克思指出，资本主义生产方式在推进人类迈向自由的进程中起到了“伟大的文明作用”，因为它使个人摆脱了“受他人限制的那种规定性”，而获得了更大的自由。然而，社会化大生产加速了社会分工的发展，商品、货币、交换、资本也一并发展起来了，一切产品和活动都转化为交换价值，人们刚从人身依赖的枷锁中脱身转而却被套上了以物的依赖性为基础的生产者互相间的全面依赖关系的锁链。“每个个人的生产，依赖于其他一切人的生产；同样，他的产品转化为他本人的生活资料，也要依赖于其他一切人的消费。”交换渗透到了一切生产关系中，每个人自己的活动或产品只有通过交换价值才能实际上成为他的活动或产品。这也意味着，个人自由取决于他是不是交换价值的或货币的所有者及持有的量的多寡。在物的依赖性社会，人被在自己之外的、与自己相对立的、异己的物的强大力量支配着，人并没有获得真正的自由，也不可能真正地实现人的全面发展和人自身价值。因此，人类文明必然将继续向前发展，直至实现人真正的自由全面发展的目的。

在马克思看来，人类文明的未来形态是建立在个人全面发展和他们共同的、社会的生产能力成为从属于他们的社会财富这一基础上的自由个性的阶段，也就是建立了“自由人联合体”的共产主义文明阶段。在文明发展的这一阶段，由于社会生产力的高度发展和社会财富的极大丰富，个人在物质生产领域获得了充分的自由，不再受自己创立的经济关系和社会关系的奴役，而是成为自己的经济关系和社会关系的主人。随着“作为目的本身的人类能力的发挥”，劳动作为人“生活的第一需要”将得到彻底解放，劳动也不再是自由的累赘，而是自我实现的必需。每

经典文献

社会化的人，联合起来的生产者，将合理地调节他们和自然之间的物质变换，把它置于他们的共同控制之下，而不让它作为一种盲目的力量来统治自己；靠消耗最小的力量，在最无愧于和最适合于他们的人类本性的条件下来进行这种物质变换。但是，这个领域始终是一个必然王国。在这个必然王国的彼岸，作为目的本身的人类能力的发展，真正的自由王国，就开始了。但是，这个自由王国只有建立在必然王国的基础上，才能繁荣起来。

——马克思：《资本论》

个人都将得到自由而全面的发展，建立在“必然王国”基础上的“真正的自由王国，就开始了”。

中国式现代化所创造的人类文明新形态主张人是文明的主体，既是文明的创造主体又是文明发展的最终目的。我们始终坚持以人民为中心的发展思想，以满足人民对美好生活的需要为努力方向；坚持人民至上的执政理念，主张“江山就是人民，人民就是江山”，发展全过程人民民主，保障人民当家作主；坚持物质富裕、精神富有协同推进，高度重视丰富人民的精神世界，致力于促进人的全面发展；坚持人与自然和谐共生，推动人类与自然的和解，努力构建人与自然生命共同体。可见，中国式现代化全然不同于基于资本逻辑的西方现代化，而是基于人本逻辑的现代化；基于资本逻辑展开的西方现代化形成的是以资本为中心、以实现资本增殖为目的的旧的文明形态，而基于人本逻辑形成的中国式现代化则是一种以人民为中心、与人类文明发展的目的相契合的人类文明发展的崭新形态。

二、中华文明的现代形态是中国式现代化开创的人类文明新形态

习近平总书记指出：“中国式现代化赋予中华文明以现代力量，中华文明赋予中国式现代化以深厚底蕴。中国式现代化是赓续古老文明的现代化，而不是消灭古老文明的现代化；是从中华大地长出来的现代化，不是照搬照抄其他国家的现代化；是文明更新的结果，不是文明断裂的产物。”中国式现代化以马克思主义科学真理为指导，坚持“两个结合”，坚定守护、传承和发扬中华文明，推动中华文明现代转型。进入新时代，中国式现代化在推动我国在物质文明、政治文明、精神文明、社会文明、

生态文明建设中取得的伟大成就，重新标识了5000多年中华文明发展的新高度，开创了中华文明的现代形态。

（一）中国式现代化实现了中华文明的现代转型

中华民族有着5000多年连绵不断的文明历史，创造了光辉灿烂的中华文明，长期以来对周边民族和国家都极具吸引力和向心力，并最终形成了以中国为中心的“中华文明圈”。但近代以来，以小农经济为基础的中华传统文明在西方现代文明的冲击下先从器物上感觉不足，再从制度上感觉不足，最后从文化根本上感觉不足，中华传统文明形态渐趋衰落蒙尘。实现中华文明的现代转型成为挽救民族危亡、赓续文明命脉的必然选择。

传统的中华文明可以依靠自身实现现代转型吗？不能。一方面是因为旧的封建制度尚未彻底瓦解，传统的中华文明仍被守旧势力作为抗拒现代转型的意识形态工具；另一方面是因为旧中国已被卷入西方主导的资本主义文明旋涡，没有能力也不被允许依靠自身实现从容转型。那么，传统的中华文明是否可以走资本主义道路实现现代转型呢？也不能。因为资本主义文明是建立在对其他国家的剥削和掠夺基础上的，西方列强是不可能让经济文化落后的国家顺利而且独立自主地走上资本主义现代化道路的。因此，资产阶级主导的西方现代化道路，对外面对帝国主义国家的侵略压迫和殖民掠夺而妥协投降，随之对内剥削压榨无产阶级和广大人民，文明转型之路注定归于失败。因此，毛泽东在《论人民民主专政》一文中感慨道：“很奇怪，为什么先生老是侵略学生呢？中国人向西方学得很不少，但是行不通，理想总是不能实现。”十月革命的胜利，让先进的中国知识分子感受到马克思主义真理力量的同时，也为经济文化落后国家找到了一条非资本主义的现代化新路径。现代文明是在现代化运动中生成的。中国共产党在推进中国式现代化的百年奋斗实践中，成功实现了中华文明的现代转型。

首先，作为认识世界、把握规律、追求真理、改造世界的强大思想武器，马克思主义以其科学真理性为中华文明实现现代转型提供了理论前提。马克思主义科学地揭示了人类社会的发展规律，为中华文明实现现代转型指明了正确方向；马克思主义的唯物辩证法与认识论，为我们正确认识、科学对待中华文明提供了科学方法；马克思主义的人民观和实践观，为中国成功推进革命、建设和改革事业，为中华文明实现现代转型明确了力量来源和动力基础；马克思主义的国家观、民族观、历史观以及阶级学说、革命理论为传统中华文明注入了现代元素。总之，马克思主义以其科学的世界观和方法论为中华文明实现现代转型指明了正确方向、提供了科学方法、明确了动力来源、注入了现代元素，赋予了中华文明以新的内涵，从而成功激活了中华文明。

其次，作为中华文明的智慧结晶和精华所在，中华优秀传统文化与马克思主义的高度契合性为中华文明实现现代转型提供了现实可能。中华优秀传统文化中，天下为公、讲信修睦的社会追求与共产主义、社会主义的理想信念相通，民为邦本、为政以德的治理思想与人民至上的政治观念相融，革故鼎新、自强不息的担当与共产党人的革命精神相合。中华优秀传统文化与马克思主义在社会理想、人本观念、人格修养、辩证思维等方面的观点具有高度契合性，不但使马克思主义中国化时代化成为可能，也使马克思主义推动中华文明实现现代转型成为可能。

最后，作为中华优秀传统文化的忠实传承者和弘扬者，中国共产党坚持在“两个结合”中推进中国式现代化的不懈奋斗为中华文明实现现代转型提供了坚强保证。文明的命运取决于承载该文明的民族和国家的命运。中华文明要实现现代转型就必先实现民族独立和国家富强。中国共产党团结带领中国人民经过艰苦卓绝的革命斗争，建立了新中国，赢得了民族独立和人民解放，挽救了国家和民族的命运，这就从根本上使中华文明避免了随民族和国家的沉沦而衰亡的命运；中国共产党团结带领中国人民在一穷二白的基础上进行社会主义建设和改革，取得了现代化建设的巨大成就，为中华文明的传承和发展奠定了坚实的物质和制度基础；中国共产党在新时代新征程以中国式现代化推进中华民族伟大复兴，使中华文明成功实现现代转型有了更加光明的前景。

（二）中国式现代化彰显了中华文明发展的新高度

现代化是实现国家富强、推动文明进步的必由之路。党的十八大以来，中国共产党在已有探索成就的基础上，成功推进和拓展了中国式现代化。新时代党和国家事业取得历史性成就、发生历史性变革，既为建设中华文明的现代形态打下了坚实基础，又为我们在中国式现代化伟大征程中建设推进中华文明现代形态的发展指明了方向。

在物质文明方面。中国式现代化创造出社会主义市场经济这一人类物质文明发展的全新体制。通过坚持和完善社会主义基本经济制度，我国走上了有效市场和有为政府有机结合、相互促进的经济高质量发展之路。改革开放 40 多年来，尤其是党的十八大以来，社会主义市场经济体制活力得到充分释放，我国物质生产方式和经济生活飞速进步。新时代的中国是世界第二大经济体和制造业第一大国，在全球经济中的地位更加重要、影响更加广泛；新时代中国的基础设施建设水平已处于世界领先地位，并拥有全世界最大的高速铁路网和公路网；新时代的中国已进入创新型国家行列，基础研究和原始创新能力不断加强，科技自立自强水平不断提高。中国式现代化推动了一个一穷二白、基础薄弱的旧中国向一个经济发达、物质丰富的新中国的巨大转变，彰显了我国物质文明

◆ 贵州省黔东南苗族侗族自治州黎平县肇兴侗寨，人们在田园中演唱侗族大歌

改革开放初期，人民对美好生活的向往主要集中在物质文化领域，这是建立在当时的生产力基础上的。随着经济社会发展，人民对于美好生活的向往总体上已经从“有没有”转向了“好不好”，不仅对于物质文化生活提出了更高的要求，而且对于民主、法治、公平、正义等方面的需求也日益增加。民之所盼，政之所向。以中国式现代化全面推进中华民族伟大复兴，必将让改革发展成果更多更公平惠及全体人民，让人民生活的幸福成色更足，温暖人心的民生答卷将会更加精彩。

发展的新高度，新征程上物质文明必将在中国式现代化进程中实现更高层次的发展。

在政治文明方面。中国式现代化坚持完善党的全面领导制度，提出发展全过程人民民主的重大理念，创新推进国家治理体系和治理能力现代化，中国特色社会主义政治文明建设迈上新台阶。坚持党的全面领导是成功推进中国式现代化的根本保证。中国共产党作为一个没有任何自己特殊的利益的“使命型政党”，从根本上保证了中国式现代化始终能坚持发展为了人民、发展依靠人民、发展成果由人民共享的正确方向。发展全过程人民民主是中国式现代化行稳致远的重要保障。全过程人民民主真正保证了人民的民主权利，是最广泛、最真实、最管用的民主。当然，任何制度都是拿来用而不是供人看的。中国式现代化通过持续不断推进国家治理体系和治理能力现代化，不断把中国特色社会主义的制度优势转化为国家治理效能，真正让人民群众感受到政治文明发展取得的新成果，充分彰显了我国政治文明发展的新高度，面向未来政治文明建设也将循着这样的目标和指向在中国式现代化的伟大征程中实现更大发展。

在精神文明方面。马克思主义是中国式现代化的指导思想，始终占据着真理和道义的制高点，是我们持续推进现代化建设的强大思想武器。社会主义核心价值观是中国式现代化的价值导向，是凝聚人心、汇聚民力的强大力量。新时代的中国不断培育和践行社会主义核心价值观，社会道德素质明显提升、人民文化自信显著增强、群众精神面貌更加昂扬。“两个结合”是中国式现代化取得成功的根本途径。经由“两个结合”，马克思主义的真理之光激活了中华文明，推动了中华文明的现代转型；中华优秀传统文化也充实了马克思主义的文化生命，中国化马克思主义最终成为中华文化和中国精神的时代精华。中国式现代化以马克思主义为指导，以社会主义核心价值观为价值导向，不断丰富人民精神境界，充分彰显了我国精神文明发展的新高度。新时代新征程，在全面推进中国式现代化的伟大征程中，我们必须始终坚持“两个结合”的根本途径建设更高水平的精神文明。

在社会文明方面。中国式现代化是全体人民共同富裕的现代化。新时代的中国组织实施了人类历史上规模最大、力度最强的脱贫攻坚战，消除了绝对贫困问题，为实现全体人民共同富裕奠定了坚实基础。中国式现代化是不断满足人民美好生活需要的现代化，也是致力于实现人的全面发展和社会全面进步的现代化。新时代的中国有着世界上规模最大的教育体系、社会保障体系、医疗卫生体系，人们可以获得更好的教育、工作、收入、居住条件、社会保障和医疗卫生服务，生活品质得到全方位改善；新时代的中国通过不断完善社会治理制度、健全城乡社区治理体系、创新社会治理手段、构建社会治理共同体，成功推进了社会治理现代化。中国式现代化创造出世所罕见的经济快速发展奇迹和社会长期稳定奇迹，充分彰显了我国社会文明发展的新高度。在全面推进中国式现代化的伟大征程中，我们必须始终处理好改革、发展、稳定的关系，建设高度发达的社会文明。

在生态文明方面。中国式现代化坚持以辩证思维看待生态文明建设与现代化之间的关系，强调既要建设良好的生态文明，又要推动经济的持续增长和民生的普惠改善；坚持以系统思维理解生态文明建设与现代化之间的关系，既要求生态环境的一体化保护和系统治理，又强调将生态文明建设融入经济、政治、文化和社会建设的各方面和全过程，并在全球倡议共同行动、合作应对关乎人类未来的生态问题；坚持以创新思维处理生态文明建设与现代化之间的关系，既通过创新发展理念推动发展方式向绿色低碳转型，又依靠科技创新破解绿色发展难题。中国式现代化致力于在经济增长、社会发展与资源环境三者协调基础上构建人与自然生命共同体，充分彰显了我国生态文明发展的新高度，并将以此为遵循在中国式现代化的伟大征程中谱写环境优美的生态文明新篇章。

马克思主义的科学真理性及其与中华优秀传统文化的高度契合性，不但成功激活了中华文明，而且还为中华文明实现现代转型提供了现实可能。中国共产党以马克思主义为指导，在中国式现代化的探索进程中，不但挽救了民族和国家的命运，还守护了中华文明的命运，并为中华文明实现现代转型提供了坚强保证。新时代新征程，中国共产党团结带领中国人民在经济、政治、文化、社会和生态文明各个领域全面推进中国式现代化，必将推动中华文明的现代形态建设实现新的发展、创造新的辉煌。

三、中华文明的现代形态是社会主义人类文明新形态

中国式现代化坚持马克思主义文明观，在深刻总结社会主义现代化建设正反两方面经验的基础上，取得了举世瞩目的发展成就，充分彰显了社会主义的活力和优势，坚持和发展了中国特色社会主义文明。从根本性质和目标前途来讲，中华文明的现代形态就是中国特色社会主义文明，是社会主义人类文明新形态，而不是什么其他的文明形态，其最终是要发展到未来共产主义社会文明新形态的。

（一）马克思、恩格斯的文明观及其对未来共产主义文明形态的理论设想

从实践的唯物主义出发，马克思、恩格斯指出，文明是人类实践的产物，必然随着人类实践的发展而不断进步。实践的观点是马克思主义

首要的和基本的观点，人通过自己的劳动实践创造了社会全部的物质财富和精神财富。文明是实践的事情，人的实践需求和实践活动是文明发展的真正推动者。因此，只要人类还在进行着实践活动，文明发展就不会停滞，更不会“终结”。从历史唯物主义出发，马克思、恩格斯指出，文明形态的演进是一种无法阻挡的历史趋势。文明时代是随着人类实践活动的发展、社会生产力的提高而必然会经历的一个社会发展阶段。从人类社会发展历程来看，文明形态的演进是一种确定的、必然的和无法阻挡的历史趋势。一方面，前一阶段的文明形态为后一阶段文明形态的创造提供了条件；另一方面，新的文明形态代替旧文明形态的趋势不可阻挡。它可能暂时被阻止，也可能在一个时期内适应并屈从于落后文明，但“迟早总会征服”。从辩证唯物主义出发，马克思、恩格斯在对资本主义文明的批判中提出了未来共产主义文明形态的理论设想。马克思、恩格斯批判了资本主义文明中人的异化现象，指出未来共产主义文明以实现人的自由而全面发展为最终目的；批判了数年一次的商业危机所造成的普遍混乱对人类文明造成的威胁，指出未来共产主义文明将由联合起来的生产者合理地调节他们和自然之间的物质变换，靠最小的力量消耗，在符合人类本性的条件下扩大生产力；批判了资本主义文明的阶级统治本质，指出未来共产主义文明将会消灭一部分人靠牺牲另一部分人来强制和垄断社会发展的现象，将会冲破“没有对抗就没有进步”的旧文明形态的发展铁律，推动社会进化和文明发展的将不再是政治革命；批判了资本主义文明的虚伪本质，指出未来的共产主义文明作为“真正的普遍的文明”将会代替以往所有的“虚假的文明”。最后，马克思、恩格斯认为：“共产主义只有作为占统治地位的各民族‘一下子’同时发生的行动，在经验上才是可能的，而这是以生产力的普遍发展和与此相联系的世界交往为前提的。”但是马克思晚年在研究东方社会发展道路时，明确反对把西欧资本主义道路说成是一切民族都注定要走的道路，提出了落后国家“可以不通过资本主义制度的卡夫丁峡谷”来创造共产主义新文明的设想。

经典文献

劳动所生产的对象，即劳动的产品，作为一种异己的存在物，作为不依赖于生产者的力量，同劳动相对立。劳动的产品是固定在某个对象中的、物化的劳动，这就是劳动的对象化。劳动的现实化就是劳动的对象化。在国民经济的实际状况中，劳动的这种现实化表现为工人的非现实化，对象化表现为对象的丧失和被对象奴役，占有表现为异化、外化。

——马克思：《1844年经济学哲学手稿》

（二）列宁对社会主义文明形态的探索与苏联模式的经验教训

列宁在领导俄国革命和苏联社会主义建设的实践中，实现并超越了马克思晚年关于跨越“卡夫丁峡谷”建设共产主义新文明的设想。首先，列宁明确认为社会主义国家可以通过非资本主义道路实现现代化并一定能够创造新的文明类型。列宁认为，社会主义国家“能够用与西欧其他一切国家不同的方法来创造发展文明的根本前提”。其次，列宁特别强调建设社会主义文明的长期性、复杂性和阶段性。列宁指出，社会主义文明是共产主义文明的初级阶段，落后国家既要完成反对专制制度的“民主主义任务”又要完成反对资本家阶级、破坏阶级制度的“社会主义任务”，就决定了这些国家建设社会主义文明必须分阶段逐步推进。另外，列宁晚年在对社会主义文明建设的探索中形成了诸如实行新经济政策、进行国家机关改革、建立社会主义民主法制等正确主张。列宁去世后，斯大林在长期领导苏联社会主义建设过程中开创了“苏联模式”。斯大林认为，社会主义经济和资本主义经济是截然对立的，二者此消彼长的关系加上资本主义分子不愿自动退出舞台，必然造成阶级斗争尖锐化。并因此强调阶级斗争是推动社会主义现代化建设前进的决定力量。基于这种强调并夸大阶级斗争作用和范围的认识，斯大林在社会主义文明建设的道路选择上，主张实行高度集中统一的指令性计划经济体制来保证实现以重工业为主的工业化，在所有制形式上实行生产资料的单一公有制，在政治上实行权力高度集中的政治体制。总的来说，斯大林时期所形成的苏联模式，实际上是苏联在特殊的内外条件下独立自主地建设社会主义的一次尝试。这种模式后来成为包括中国在内的其他社会主义国家建设现代文明社会的参考，并形成了与之类似的制度安排，由此形成了“社会主义文明的最初形态”。苏联模式的问题不在于它理论上存在根本谬误进而偏离了社会主义道路，而在于它未能在坚持马克思主义的基础上根据苏联实际和时代发展要求勇于进行自我革命。最终这种对人类文明新类型的探索在教条和僵化体制的束缚下走向失败。但这只是社会主义社会文明形态的苏联模式的失败，并不代表人类坚持社会主义道路建设现代化、创造新的文明形态的失败。

（三）中国特色社会主义展现了社会主义文明形态的新发展新境界

中国特色社会主义道路始终坚持科学社会主义的基本原则和先进本质，并在新的时代条件下不断推动理论创新、实践创新和制度创新。中国特色社会主义的成功实践，将社会主义文明推向了全新境界，创造了中国特色社会主义文明新形态。

第一，中国特色社会主义不断推动理论创新，既坚持了科学社会主义的先进本质，又在新的时代条件下丰富和发展了社会主义。习近平总书记指出："中国特色社会主义，既坚持了科学社会主义基本原则，又根据时代条件赋予其鲜明的中国特色。"科学社会主义的先进本质源于其基本原则的先进性和科学真理性。科学社会主义坚持以无产阶级政党为领导核心，以解放和发展生产力为根本任务，以生产资料公有制为基本经济制度，以实现共同富裕为社会理想，以人民当家作主为政治追求，以实现共产主义为最终奋斗目标。中国特色社会主义最本质的特征是中国共产党领导，党的领导决定着中国特色社会主义的根本性质、方向目标、动力基础和力量来源，继承并发展了科学社会主义关于无产阶级政党领导的原则；中国特色社会主义致力于满足最广大人民群众对美好生活的需要，致力于实现人口规模巨大的现代化，继承并发展了科学社会主义为绝大多数人谋利益的价值立场，在现阶段条件下践行了科学社会主义关于实现人的自由全面发展的原则；中国特色社会主义扎实推进全体人民实现共同富裕，继承并发展了科学社会主义关于实现共同富裕的原则；中国特色社会主义致力于实现人与自然和谐共生，努力建设经济增长、社会发展与资源环境相协调的现代化，丰富并发展了科学社会主义关于合乎自然规律地改造和利用自然的思想；中国特色社会主义主张世界各国应相互尊重、和平发展、互利共赢，并致力于推动构建人类命运共同体，是对科学社会主义关于世界历史理论和共同体思想的丰富和发展。因此，中国特色社会主义在坚持科学社会主义基本原则的基础上，根据新的时代条件和国情实际不断开拓创新，体现了科学社会主义的先进本质，同时展现出中国特色社会主义文明新形态的鲜明特征。

第二，中国特色社会主义不断推动实践创新，既推动了中国经济社会快速发展，又使社会主义在 21 世纪焕发出蓬勃的生命力。习近平总书记强调，中国特色社会主义不是从天上掉下来的，是党和人民历尽千辛万苦、付出各种代价取得的根本成就。首先，作为中国特色社会主义的领导核心，中国共产党在深入推进全面从严治党中坚持和加强党的全面领导。通过制定和落实中央八项规定、建立健全党内法规体系、开展史无前例的反腐败斗争，营造了风清气正的政治生态、锻造了坚强有力的领导力量，确保了党中央权威和集中统一领导，强化了党总揽全局、协调各方的领导核心作用。其次，坚持以人民为中心的发展思想，共同富裕取得新成效。坚持精准扶贫，打赢了脱贫攻坚战，历史性地解决了中国的绝对贫困问题；深化教育、医疗、养老、就业、住房等领域改革，以老百姓看得见的方式、摸得着的实惠增进人民群众的获得感和幸福感。再次，以新发展理念推进高质量发展，经济实力实现历史性跃升。我国经济总量稳居世界第二，粮食产量、制造业规模、外汇储备、研发人员总量稳居世界第一，经济发展水平和科技创新能力令世界瞩目。又次，在党的创新理论和社会主义核心价值观引领下，我国文化事业繁荣发展，意识形态领域形势发生全局性、根本性转变，人民的精神生活更加丰富、精神面貌更加昂扬。最后，以负责任大国形象积极参与国际事务，在全球减贫、国际维和、生态治理等领域作出积极贡献，极大提升了我国的国际影响力、感召力和美誉度。进入新时代，中国特色社会主义在实践

◆ 白鹤滩水电站

白鹤滩水电站位于四川省宁南县和云南省巧家县交界的金沙江干流河段上，是实施“西电东送”的国家重大工程，是仅次于三峡电站的世界第二大水电站。白鹤滩水电站共安装16台百万千瓦水轮发电机组，总装机容量1600万千瓦，多年平均发电量达624.43亿千瓦时。等量换算的话，其一年的发电量可满足6500万人全年生活用电需求。截至2024年3月底，白鹤滩水电站累计发电超1200亿千瓦时，相当于减少标煤消耗量超3600万吨，减少二氧化碳排放量超9800万吨，为江苏、浙江等华东地区提供源源不断的清洁电能。

中所取得伟大成就和创新发展，使世界范围内两种意识形态、两种社会制度的较量发生了有利于社会主义的重大转变，意味着科学社会主义在21世纪的中国焕发出强大生机活力，在世界上高高举起了中国特色社会主义伟大旗帜，同时展现出中国特色社会主义文明新形态的勃勃生机。

第三，中国特色社会主义不断推动制度创新，既保障了我国社会主义建设事业行稳致远，又使中国特色社会主义文明新形态更加可感可及。理论和实践每前进一步，制度的自我完善和发展就必须跟进一步。中国特色社会主义是在理论创新和实践创造的不断推进中形成发展的，更是在制度体系的不断完善中得到巩固的。首先，社会主义基本经济制度将促进生产力发展的制度要素和体现社会主义优越性的因素包容于一体，实现了有效市场和有为政府的有机结合，是中国特色社会主义推动生产力快速发展和社会和谐稳定的制度基础。其次，作为中国特色民主制度载体的全过程人民民主，实现了过程民主和成果民主、程序民主和实质民主、直接民主和间接民主、人民民主和国家意志相统一，是中国特色社会主义保障人民当家作主的制度基础。再次，坚持马克思主义在意识形态领域指导地位的根本制度，通过“两个结合”将中华优秀传统文化、革命文化和社会主义先进文化融为一体，是中国特色社会主义丰富人民精神世界的制度基础。最后，通过建立环保督察制度、生态评价考核追责制度、生态损害赔偿制度等，我国生态文明制度体系更加健全，促进人与自然和谐共生的制度基础初步形成，为中国特色社会主义事业持续发展奠定了坚实的生态基础。总之，中国特色社会主义文明新形态根植于中国特色社会主义的科学理论、展开为中国特色社会主义的鲜活实践，最终体现于中国特色社会主义的制度体系，从而更加可感可见、可及可行。

第十章

千秋伟业谱新篇

——如何理解人类文明新形态促进人类社会现代化？

21 世纪以来，西方资本主义现代化危机频发，如何探寻人类社会现代化范式的转型，建构人类文明新形态成为“世界之问”。中国共产党领导中国人民披荆斩棘，探索出了一条不同于西方的中国式现代化之路，创造出了人类文明新形态。人类文明新形态不仅是中国式现代化成果的高度凝练，而且是超越资本主义的现代文明新形态，在理念和实践上赋能人类社会现代化更新迭代。在理念上，人类文明新形态走出了“西方中心论”“古今断裂论”“历史终结论”，在推进中国式现代化新征程中彰显出勃勃生机。在实践中，人类文明新形态的创新性促进人类社会现代化从“单向度”经济增长到“五位一体”的更迭；人类文明新形态的和平性摒弃了资本主义现代化的殖民扩张，致力于消解战争、促进人类和平；人类文明新形态的包容性扬弃了资本主义现代化的零和博弈，有利于构建合作共赢的现代化新图景。

一、应运而生：21 世纪资本主义现代化危机召唤人类社会现代化转型

进入 21 世纪以来，资本主义现代化危机频发，国际形势中不确定、不稳定因素居多百年未有。《中共中央关于党的百年奋斗重大成就和历史经验的决议》指出：“进入新时代，国际力量对比深刻调整，单边主义、保护主义、霸权主义、强权政治对世界和平与发展威胁上升，逆全球化思潮上升，世界进入动荡变革期。”这表明旧的现代化模式已经难以适应人类社会的发展，在此背景下，中国式现代化应运而生。

（一）21世纪西方资本主义现代化危机频发

首先，以资本逻辑为主导的资本主义现代化了导致人与人之间在经济上的不平等，造成了严重的贫富分化，进而引发经济危机。在国家内部，资本加大了对劳动者剥削的程度，金融资本日益玩弄其操控财富的手段，财富日益集中到极少数金融财阀的手中，而劳动者和失业人员则陷入债台高筑的境地，“次贷危机”引发金融危机。在国际上，华尔街金融资本为了获取暴利更是罔顾大众疾苦，时刻紧盯脆弱的国家、地区经济体，采取做空资产、套利和扩张势力范围等多种手段大肆收割、洗劫相关国家和地区的财富来获取暴利。华尔街金融资本还利用金融危机中的货币贬值和利率上升等有利条件，大量借贷资金进行套利，这不仅增加了相关国家的债务负担，还使得它们的货币贬值，进一步加剧了金融危机的影响。

其次，以金融危机为代表的经济下滑、失业率上升、财富缩水等经济危机绝不可能仅仅停留在经济领域，它必然渗透政治和社会层面，加剧政治民主危机和社会危机。第一，金融危机导致政府财政压力增大。金融危机的冲击使得政府税收减少，财政收入下降，导致政府财政压力加大。在这种情况下，政府可能会采取增加税收、削减公共服务等措施，而这些举措又可能引发民众的不满和抗议，从而加剧政治民主危机。第二，金融危机还可能影响政治稳定和政府治理。在金融危机的冲击下，政府可能会面临信任危机，民众对政府的信任度下降。同时，政府内部的分歧和利益冲突也可能加剧，导致政策执行不力和政府决策失误。这些问题都可能影响政府的稳定性和治理效能，进而加剧政治民主危机。第三，金融危机的爆发往往伴随着财富缩水、失业率上升等问题，这可能导致中下层民众面临失业、贫困等问题，进一步加剧原本存在的社会不平等和分化，社会不满情绪加剧进而引发社会冲突和抗议活动，对社会稳定造成威胁。

再次，资本主义现代化以资本增殖为目标，而资本增殖内在地要求社会生活不断加速，人作为资本增殖的一个环节，必须适应快节奏和高强度的工作和生活压力，人们巨大的精神压力和身心健康问题暴增，社会道德沦丧和价值观扭曲现象也层出不穷。资本主义现代化造成商品拜物教、货币拜物教和资本拜物教盛行，金钱取代上帝，欲望的形而上学逐渐彰显。资本逻辑使得经济原则从经济领域向社会生活的其他领域全面渗透，就连精神生活领域也逐渐被经济原则所统摄。从学校教育到文化娱乐，以追逐利润为核心的资本拜物教不断上升到如日中天的位置，精神生活存在宗教化、娱乐化、拜物化、虚无化等不良倾向，消费主义、拜金主义、极端利己主义涌动等现象，这些就是马克思所竭力批判

经典文献

中国式现代化是物质文明和精神文明相协调的现代化。物质富足、精神富有是社会主义现代化的根本要求。物质贫困不是社会主义，精神贫乏也不是社会主义。我们不断厚植现代化的物质基础，不断夯实人民幸福生活的物质条件，同时大力发展社会主义先进文化，加强理想信念教育，传承中华文明，促进物的全面丰富和人的全面发展。

——节选自党的二十大报告

的“精神贫困”。

最后，资本主义现代化及其在全球的扩张性掠夺造成了严重的全球性生态危机。资本主义的逐利本性使得其将自然看作其征服的对象，忽视人与自然的共生性，以短视行为对自然资源进行过度开采，造成自然遍体鳞伤。进入21世纪以来，自然环境进一步恶化，气候异常、海平面上升等不仅威胁生物多样性，而且加剧了病毒肆虐、资源枯竭、热射死亡等诸多威胁人类生存的急迫性问题。可是资本主义现代化自身面对这种困境却无能为力，寡头和政客们仍然在追逐暴利和选票，无暇顾及生态危机，对环境保护和可持续发展缺乏足够的投入和关注。这种短视的行为模式不仅加剧了全球生态危机，也对人类社会的未来造成了严重威胁。如果不改变资本主义现代化模式，人类文明将很可能被自己所创造出来的生态危机埋葬。

（二）人类文明新形态是超越资本主义的社会主义现代文明

在人类历史上，西方国家率先开启了资本主义现代化的旅程，产生了一系列现代文明成果。西方资本主义现代化是人类社会现代化的首发形态，是人类社会现代化的最早的和初级的形态，但并不是唯一样态和最终样态。资本主义引领人类社会现代化潮流，但资本主义现代文明在推动人类社会发展的同时也孕育着自身的悖论，其中最大的价值悖论就是资本逻辑造成的“人的世界的贬值”。马克思关于资本逻辑主导资本主义现代化的观点是对资本主义经济社会发展的深刻剖析。马克思正是因为预见到了资本主义现代化必然造成的不可解决的困境，才几十年如一日地撰写《资本论》，对资本逻辑所主导的现代化模式进行了深刻的、系统化的批判性反思，以寻求更加公正、可持续发展的新型现代化道路。随着资本主义的全球化扩张，西方现代文明暴露出的一系列危机，使得人们重新审视资本主义现代化的发展路径，对于资本主义现代文明的可持续性产生了怀疑，这就警示后发的国家和地区在现代化进程中要探索现代化新道路，探索一种更加公平、包容、和平、合作共赢和可持续发展的人类社会现代化发展模式。

现代化是变动的现代化，随着西方资本主义现代化危机的不断显现，如何探寻扬弃其弊端的人类社会现代化、建构人类社会文明新形态，成为21世纪的“世界之问”。从本质上来说，人类文明新形态与中国式现代化相伴而生，是致力于超越西方资本主义现代化弊端的社会主义现代文明。由于近代以来长期遭受帝国主义列强的欺凌，中国人民十分清楚西方资本主义现代化的野蛮与阴暗面，毅然决然地与之分道扬镳，坚定不移地探索与西方文明形态不同的人类文明新形态。对于中国人民来说，人类文明新形态首先就意味着坚定不移走中国特色社会主义现代化道路，坚定不移以马克思主义理论为指导，坚定不移弘扬中国特色社会主义文化。中国特色社会主义文化作为人类文明新形态的文化主体，致力于坚持人民主体地位，倡导社会主义核心价值观，致力于构建中华民族的精神支柱。习近平总书记强调：“要坚持社会主义先进文化前进方向，用社会主义核心价值观凝聚共识、汇聚力量，用优秀文化产品振奋人心、鼓舞士气，用中华优秀传统文化为人民提供丰润的道德滋养，提高精神文明建设水平。”中国特色社会主义文化以其独特的理论体系和价值观念，为创造人类文明新形态提供了明确的方向，强调以人为本，尊重人的尊严和价值，致力于推动社会公平正义，促进人与自然和谐共生。在这样的文化指引下，人类文明新形态正逐步迈向全面协调可持续的发展道路。

时至今日，“重构现代性”对于中华民族而言已经不仅仅停留在文化批判层面，而是不断展开的波澜壮阔的中国式现代化伟大实践，而人类

◆ 内蒙古自治区库布其沙漠中的穿沙公路两侧绿意葱茏

今天，一片片绿洲在库布其沙海中延展开来，曾经的“不毛之地”变成绿色家园；一条条产业链在沙海中聚链成势，曾经的“死亡之海”变成农牧民增收致富的“聚宝盆”；一个个治沙模式、经验成为“样本”，为遭受荒漠化威胁的地区和人们提供了可借鉴的经验。从“沙逼人退”到“绿进沙退”，从人沙博弈到人沙和谐，中国人在浩瀚的沙海、亘古的荒凉里创造出改天换地的奇迹，向世界展现了中华文化的生态观，走出了一条独具特色的科学防沙治沙新路子，为推动人类可持续发展作出了贡献。

文明新形态是对中国式现代化在文明形态上的高度凝练。人类文明新形态作为一种超越资本主义的现代化、世界化、未来化的文明具有鲜明的前瞻性和创新性，这使得中国特色社会主义文化关注人类未来发展趋势，积极探索符合人类社会现代化发展规律。人类文明新形态作为中国式现代化所取得的文明成果，不仅属于中国，也属于世界；人类文明新形态不仅为中国的发展提供智力支持和精神动力，而且为人类社会现代化提供了更加先进的备选方案；人类文明新形态在自然观、社会观、历史观、文化观、生态观等多个方面展示了中国式现代化的先进性，更以合作共赢的包容性文明观让世界人民看到了打破霸权主义、共建幸福美好生活的国际新图景；人类文明新形态致力于扬弃西方资本主义现代化的弊端与危机，更加注重引领未来文明发展的使命和责任，致力于为推动构建人类命运共同体、实现人类文明新形态贡献力量；人类文明新形态不仅融入了时代精神，也在回答世界性议题和难题，是人类社会现代化的更新迭代。

二、破旧立新：人类文明新形态促进人类社会现代化理念更新

针对西方现代化理念存在的问题，人类文明新形态为人类社会现代化提供了新理念：它走出了“西方中心论”，昭示着人类社会现代化道路的多样性；它走出了“古今断裂论”，主张现代化可以是传统文化的创造性转化与创新性发展；它走出了“历史终结论”，表明人类社会现代化可以开始超越资本逻辑的新征程，社会主义现代化彰显出新生机。

（一）人类文明新形态走出了“西方中心论”，昭示着人类社会现代化道路的多样性

西方资本主义现代化作为人类社会现代化的首发形态，曾经对全球经济、政治、文化、社会等多个领域产生了深远的影响，以至于西方资本主义现代化模式曾被视为人类社会现代化的标准样态。随着欧洲列强在全世界其他国家和地区的殖民扩张，西方理论家们创立并不断传播“西方中心论”，主张西方文化（价值观是其核心）、政治、经济和社会制度是世界上最先进、最优秀的，是全世界其他国家和文化的典范和标杆。简而言之，“西方中心论”主张“现代化 = 西方化”，致力于将西方国家的现代化模式作为普世模式，将西方现代化视作人类社会现代化的典范，并由此甚至推导出谁反对“西方化”就等于反对现代化、拒绝进入现代文明的谬论。

然而，西方资本主义现代化中蕴含着不可调和的根本性矛盾，即社会化大生产和生产资料私有制之间的矛盾，这个基本矛盾不可避免地带来了马克思所说的经济危机周期性爆发，也使得资本逻辑主导的现代化社会不断地呈现出贫富分化日趋加剧、拜金主义盛行、生态危机频发等诸多弊病。在国际上，西方的现代化并没有带来全世界的普遍发展，西方发达国家的灯红酒绿、快速发展却是以残暴的殖民统治和严重不平等的“剪刀差”导致的其他国家和地区的不发达甚至是严重贫困为代价的，资本主义体系下的阶级分化、资源分配不均等问题也引发了广泛的社会批判。

随着西方资本主义国家文明灯塔形象的逐渐坍塌，非西方国家尤其是发展中国家或地区逐渐发现了“现代化 = 西方化”这一公式在现实实践中的弊端。首先，它忽略了其他文化的独特性和价值，将非西方文化视为次

要的、落后的，这不仅是不公平的，也是错误的。我们应该尊重每个文化的独特性和价值，避免将其简单地划分为优劣、高低等级。其次，“西方中心论”的观念也容易导致文化冲突和误解。坚持“西方中心论”的观念，就难以理解和尊重其他文化，容易产生文化冲突和误解，这不利于全球和谐与发展。随着全球化和多元化的发展，人们对于文化多样性和平等性的认识也在不断提高，“西方中心论”逐渐受到了挑战和质疑。

时至今日，越来越多的有识之士认识到，资本主义现代化只是人类社会现代化的初级形态，现代化作为变动的现代化，需要探索新的模式，只有独立自主地探索适合自己的现代化道路，才能摆脱西方现代化的生存困境，才能让现代化升级迭代。至此，“西方中心论”的影响力在逐渐减弱。对于中国而言，近代以来的现代化进程是基于中国实际国情的自我发展、自我完善的过程，是在坚持社会主义道路的前提下，以中国特色的方式实现现代国家的建设。中国式现代化展现出的特质和成就，在事实上论证着“现代化不等于西方化”的命题。中国的现代化道路，不仅为中国自身的发展开辟了新天地，也为全球现代化提供了重要的借鉴和启示。受中国独立探索现代化道路并成功走出中国式现代化道路的启示，其他发展中国家和地区的人们也开始认识到，现代化不是西方的特权，现代化的内涵也无法被西方化完全涵盖。

以马克思主义为指导、扎根于中华优秀传统文化的人类文明新形态在 21 世纪的绽放，打破了“现代化 = 西方化”的迷思，向世人证明不同的国家和地区可以立足本地实际，扎根本土文明，探寻属于自己的现代化道路。在这个过程中，不同的现代化范式逐渐崭露头角，不同的文明随着文化交流和互动而逐渐增强，它们或相互竞争，或相互融合，共同推动着人类社会的进步与发展。“西方中心论”尤其是它将西方等同于文明、其他地方等同于野蛮的傲慢划分，逐渐为越来越多的后发国家所不齿，人类文明新形态所主张的“共商共建”“合作共赢”的现代化理念越来越获得广泛的认同。

（二）人类文明新形态走出了“古今断裂论”，主张现代化可以是传统文化的创造性转化与创新性发展

为了与前现代社会形成鲜明对比并凸显现代社会的优越性，西方资本主义在现代化进程中侧重强调二者的区别，前现代与现代在经济、政治、文化和社会等各个领域的断裂性被彰显出来。

首先，从经济角度看，传统自然经济向现代工商业社会的转变存在显著的断裂，工商业成为“现代社会的嫡子”，“没有无主的土地”被“金钱没有主人”所替代。以机器为主导的社会化大工业使得“身份”让位于“契约”，资本逻辑成为整个社会通行的规则，资本家成为人格化的资本，而失去资本的人只能以出卖劳动力为生，或者成为无家可归的流浪者。其次，在政治领域，西方现代化拉起了自由、民主、平等的大旗，资本主义政治制度被认为是“人类文明的灯塔”，历史上与资本主义有冲突的政治制度被视作黑暗专制和必须加以批判与扬弃的对象。西方资本主义国家还将这种资本主义政治“灯塔论”推广到全世界，世界上其他地区和国家一旦出现与之不同的政治制度，哪怕是致力于超越资本主义的社会主义制度也被扣上专制的帽子。在文化领域，坚持传统的宗教、道德观念的人被看作可笑的“堂吉诃德”，个人主义、竞争意识、自由主义、科学主义等更加适合现代市场经济规则的现代价值观念取而代之。西方的思想家们用辛辣讽刺的笔锋批判了传统社会的君主专制和贵族特权，基督教教会对民众思想的操控、传统社会的观念及其对科学和社会文明的阻碍作用都被淋漓尽致地揭露出来。这些批判固然具有历史的合理性，但是也在客观上造成了“现代”与“传统”的二元对立和断

裂，此后“现代”似乎成为“文明”的代名词，而“前现代/传统”则成为“愚昧、落后、专制、糟粕”以至于必须被抛弃的近义词。

与西方资本主义现代化过程中的“古今断裂论”不同，中华民族一

延伸阅读

中国传统绘画具有重要的文献价值和史料价值。其丰富的内涵，反映了中华文明的历史，反映了中国人的社会观念、自然观念、家国情怀和人文寄寓。同时，它独特的语言体系、表达方式，体现了中国人的智慧、中国人的思维方式和审美观念，体现了中华民族的历史和文化。

“中国历代绘画大系”是党中央高度重视、有力推动的国家级重大文化工程。众多专业人士历经十余年努力，建立了迄今为止同类出版物中精品佳作收录最全、出版规模最大的中国绘画图像文献体系。该项目共收录海内外263家文博机构的纸、绢（含帛、绫）、麻等材质的中国绘画藏品12405件（套）。其中国内藏品9155件（套）、国外藏品3250件（套），涵盖了绝大部分传世的“国宝”级绘画珍品。“中国历代绘画大系”编纂为中国古代绘画乃至中国古代社会的历史研究建立了全面、系统、准确的图像档案。同时，为中华优秀传统文化的研究和传承建立了重要平台。

直以其深厚的文化底蕴和悠久的历史传统而自豪，人类文明新形态坚决反对将传统与现代对立起来，认为那种要发展现代文明就必须摒弃传统文化的“古今断裂论”是短视和错误的。首先，传统是现代的根基，现代是传统的发展和延续。中华民族的传统文化包含丰富的哲学思想、道德观念、艺术表现等，这些传统元素不仅塑造了中华民族的精神面貌，也为现代文明的发展提供了源源不断的动力。其次，人类文明新形态在继承传统的同时，也积极吸收和借鉴了其他文明的优点，不断推陈出新，形成了独具特色的现代文明体系。最后，人类文明新形态的发展也离不开对传统文化的创新和转化。在现代社会，传统文化面临着诸多挑战和机遇，只有通过创新和转化，才能让传统文化焕发新的生机和活力。

人类文明新形态对待传统的态度从来不是断裂式的，而是要进行创造性转化和创新性发展，既保留中华优秀传统文化的精华，使之在现代化进程中持续散发出光辉，又对其进行现代性改造和发展，使其能够更好地适应现代社会的需要，更好地在现代生活中日更日新。传统与现代不是对立的，而是相互依存、相互促进的。人类文明新形态不仅具有鲜明的时代特色，也充满了深厚的文化底蕴。人类文明新形态是对中华优秀传统文化的批判性继承，它主张优秀传统文化在现代社会中仍然发挥着重要作用，现代化进程也需要在尊重传统的基础上进行创新和发展，传统与现代之间的交融和对话既体现了现代文明的包容性特征，也为现代文明增加了多元动力。

综上所述，人类文明新形态致力于走出“古今断裂论”的误区，辩证地看待文化有机体的连续性与创新性的统一，致力于通过创新和转化让中华优秀传统文化在现代化过程中焕发新的生机和活力。因此，我们应该坚定文化自信，继续推动人类文明新形态的发展，为世界的繁荣与进步贡献中国智慧和中国力量。

（三）人类文明新形态走出了“历史终结论”，开启人类社会现代化新境界

由于苏联解体和东欧剧变，美国学者弗朗西斯·福山提出的“历史终结论”一度甚嚣尘上。这种观点认为西方“自由民主”制度是人类社会的最佳选择，这种制度将会在全球范围内得到普及，人类社会的政治发展将趋于一致，历史也将因此走向终结。然而，历史真的要终结于资本主义吗？现代化就只能是资本主义的现代化吗？这种观点过于乐观地看待了西方“自由民主”制度的普适性和稳定性，忽视了不同文化、不同社会背景下政治体制的多样性和复杂性。人类文明新形态的创造，中国式现代化的生机勃勃以及当下资本主义危机的层出不穷，都在事实上终结了“历史终结论”。中国式现代化是一条符合中国历史和现实的中国特色社会主义现代化道路。

中国式现代化是人口规模巨大的现代化。拥有 14 亿多人口的中国在人口数量上超过了欧美的总和，这样一个人口规模巨大的国家整体迈进现代化大门，为世界现代化进程注入新的动力和活力。这不仅是中国历史上的重大成就，也是人类社会现代化历史中的重大事件。西方国家曾经一度担心的中国人的吃饭问题，并没有成为影响其他国家和地区的世界性问题，中国人不仅凭借自己的力量解决了温饱问题，消除了绝对贫困，而且创造了举世瞩目的发展成就，不仅“站起来”了，而且逐渐“富起来”“强起来”了。这是人类社会现代化和人类文明史上的伟大创举。

中国式现代化是全体人民共同富裕的现代化。与资本主义现代化不同，中国式现代化作为社会主义现代化，十分重视人民群众的切身利益和需求，致力于确保现代化进程的成果惠及全体人民，实现全体人民共

同富裕。中国式现代化不仅追求经济效益的增长，还关注社会公正和平等，力图通过缩小贫富差距、促进社会流动等方式，让每个人都能享有平等的机会和资源，从而实现共同富裕。

中国式现代化是物质文明和精神文明相协调的现代化。中华文化自古以来重视伦理道德，马克思主义也将精神文明视作现代文明不可或缺的组成部分。一个道德沦丧、精神贫乏的国度绝不是一个文明的国度，融马克思主义和中华优秀传统文化于一体的人类文明新形态绝不允许精神文明的沦丧。中国式现代化强调物质财富极大充足的同时，也要精神财富极大富有，注重物质文明和精神文明的平衡发展，旨在实现全面而可持续的发展。

中国式现代化是人与自然和谐共生的现代化。中国式现代化强调人与自然的和谐共生，旨在实现经济、社会和环境三者的协调发展，这既体现了对自然环境的深刻认识和尊重，也符合可持续发展的基本原则。中国式现代化要求我们在推进现代化建设的过程中倡导绿色低碳循环发展的理念，提供优质的生态产品，加强生态环境保护，减少污染排放等措施，从而改善环境质量，增强人民的幸福感和获得感。

中国式现代化是走和平发展道路的现代化。中华文化历来强调“和而不同”的内在特质，推崇“和为贵”“和合”的理念。经历多年战争动荡之苦的中国人民，深知稳定之重要，天下太平之重要，热爱和平的中国人民坚定不移地通过走和平发展道路实现现代化，这是对这一持久追求和深沉期盼的积极回应，也是对实现中国发展目标条件的深刻认知。和平发展的现代化既是中国国家利益的内在要求，也顺应了时代潮流和国际大势。和平发展的现代化不仅有利于中国自身的发展繁荣，也将为世界和平与发展作出积极贡献，只有和平发展才能赢得世界人民的尊重，只有和平发展才能推动人类社会现代化走上文明新台阶。

◆ 山西省朔州市应县木塔

作为世界上现存最古老、最高的木构楼阁式建筑，应县木塔凭借独特的设计、结构与施工，屹立近千年而不倒，成为举世闻名的中国古建筑文化遗产。同时，由于历史上地震、天气、战争等因素带来的损伤逐渐累积，保护应县木塔的任务日益紧迫。2024 年 4 月，由联想集团与清华大学建筑学院共同开发的“智慧应县木塔”方案出炉。这是一款基于人工智能和空间计算技术研发的拓展现实应用，通过在数字世界中构建“木塔孪生体”，逐层还原了木塔的完整构造与细节，并将木塔的历史浓缩其中，让应县木塔在数字世界中得以复现。

三、升级迭代：人类文明新形态赋能人类社会现代化实践创新

西方资本主义现代化并没有让人类社会现代化的成果惠及所有人，人类社会现代化的模式必须升级迭代。人类文明新形态既是中国式现代化成果的高度凝练，又是对人类社会现代化的系统升级，对于促进人类和平、构建“合作共赢”的现代化新图景、赋能人类社会现代化模式升级迭代起着重要的推进作用。

（一）人类文明新形态的整体性思维促进人类社会现代化从“单向度”向“五位一体”的更迭

与资本逻辑为主导的“单向度”现代化不同，人类文明新形态旨在克服以 GDP 为单一衡量标准的发展模式，注重从系统、整体和协同的视角构建“五位一体”的人类社会现代性文明发展理念，促进人类社会现代化从“单向度”向“五位一体”的更迭。正如习近平总书记所说：“我们坚持和发展中国特色社会主义，推动物质文明、政治文明、精神文明、社会文明、生态文明协调发展，创造了中国式现代化新道路，创造了人类文明新形态。”

第一，人类文明新形态是物质文明繁荣的现代文明形态。随着科技的飞速发展和经济的持续增长，中国在物质层面取得了令人瞩目的成就。从高楼大厦到现代化工厂，从高铁、5G 技术到人工智能、航天科技，从工农业生产到现代服务业，从基础设施建设到科技创新发展，中华民族的物质文明建设不断取得新的突破，为国家的繁荣富强奠定了坚实基础。人类文明新形态的物质文明非常注重系统性思维，并建构了一个行业部

门健全的现代化国家，完整的产业链和供应链为中国经济的发展提供了坚实的基础，也为世界经济的繁荣作出了重要贡献。

第二，人类文明新形态是注重精神文明的现代文明形态。随着全球化进程的加速，中华文明正以前所未有的姿态展现在世界面前，中国的电影、音乐、美术等艺术作品在国际舞台上屡获殊荣，其魅力已经超越了国界。通过文化交流与合作，中华文化正以其独特的魅力影响着世界。这种文化的魅力不仅体现在其深厚的历史底蕴和独特的美学价值上，更在于其开放、包容、创新的精神内核。融合了传统与现代的中华文明以其独特的视角和表达方式，跨越文化和语言的障碍，与世界各地的人们产生共鸣，这种文化的魅力将会越来越受到全球范围内的关注和认可。

第三，人类文明新形态是追求政治文明进步的现代文明形态。政治文明在现代文明中扮演着至关重要的角色。中国特色社会主义民主政治制度从顶层设计到基层民主都在实践中不断完善，政治文明建设步伐稳健，社会主义法治建设日更日新，欣欣向荣。在人权方面，中国不仅连续发布了人权白皮书，向全国人民和国际社会展示中国人权发展的成果，更为重要的是，中国以实际行动切实保障国内各民族人民的权利，通过实施一系列的政策和措施，确保各民族在各个领域享有平等的权利和机会，促进各民族之间的和谐与共同发展。在海外，中国政府同样关注着广大同胞的安全与福祉，维护海外同胞的生命财产安全，为中国公民和海外同胞提供了安全盾牌。

第四，人类文明新形态是致力于社会文明和谐发展的现代文明形态。中国在构建和谐社会、保障和改善民生、提高公共服务水平、让人民共享发展成果方面也作出了巨大努力，取得了显著成果。中国政府始终把民生改善作为工作的重中之重，通过一系列务实举措和创新实践，为人民群众带来实实在在的好处。比如，在教育领域，中国不仅实现了义务教育的全面普及，还积极推动教育公平和优质资源的均衡分布；在医疗卫生方面，中国不断完善基本医疗保障制度，提高医疗服务水平，努力让人民群众看病就医更加便捷、高效。

第五，人类文明新形态是致力于人与自然和谐共生的现代文明形态。与资本主义现代化将自然当作被征服和压榨的对象不同，人类文明新形态从马克思主义的生态自然观和中华优秀传统文化“天人合一”的思想出发，注重人与自然的和谐共生。人类文明新形态将人与自然和谐共生作为核心理念，坚持走生态良好的可持续发展道路，加强生态环境保护和治理，努力实现经济发展与环境保护的良性循环。通过发展循环经济、绿色经济和低碳经济，促进资源的节约和环境的保护。同时，还注重提升公众的环保意识，弘扬生态文化，生态文明理念深入人心，建设美丽中国成为全社会的共同追求和自觉行动。人与自然和谐共生的人类文明新形态必将为人类社会现代化的更新迭代提供有益的借鉴和启示。

（二）人类文明新形态的和平性致力于消解战争、促进人类和平

资本主义现代化追求的是利润最大化和资本增殖，而战争和殖民因其超额利润自然获得了资本主义国家的青睐。一方面，战争可以为资本主义国家提供巨大的经济利益，包括军火销售、资源掠夺、领土扩张等。另一方面，战争也促进了技术的进步和产业的发展，比如军事工业、通信技术、交通运输等。在近现代史上，英国和美国这些先发资本主义现代化国家通过战争不断地掠夺其他国家和地区，大发战争财。18 世纪的英帝国，通过一系列殖民战争，夺得了对印度、澳大利亚、加拿大等地的控制权，这些地区丰富的自然资源和庞大的市场为英国带来了巨大的经济利益。此外，英国还通过向其他国家出售军火和战争物资，进一步

增加了其战争利润，战争期间的军需生产、军工制造等行业的繁荣，为英国的经济复苏和增长提供了强大的动力。在两次世界大战期间，美国更是凭借其强大的工业实力和军事实力，向参战各国出售了大量的军火和战争物资，大发不义之财。时至今日，美国仍然在世界各地不断挑起战乱。

以战争为手段的资本主义现代化造成了无数的伤亡和社会动荡，加剧了国际矛盾和冲突，破坏了生态环境和资源。这种不可持续的现代化模式，已经引起了越来越多人的质疑和反思。在全球秩序上，以欧美为首的发达国家更是凭借其先发优势占据了对世界经济、政治、文化的主导权，通过操控金融体系、消费主义文化渗透和不断地挑起战争并大发战争财而实现对不发达国家和地区的压榨。近代中国受尽了资本主义列强的凌辱，深刻体会了所谓资本主义现代化文明国家在中华大地上肆意掠夺的野蛮行径。中华民族曾经经历过八国联军的烧杀抢掠、日本帝国主义的全方位侵略和美帝国主义的欺压，深深明白先发的资本主义国家绝不会允许人口规模巨大的中国走与之相同的资本主义现代化道路。当我们站在新的历史起点上，面对全球化的浪潮和人类社会现代化的挑战，中国式现代化必须探索自己的模式，必须创造新的现代化文明形态，即人类文明新形态。经历过苦难的中国人在中国共产党的领导下探索现代化的新道路，这条道路致力于消解战争，促进人类社会的和平与发展。

21 世纪以来，与美国在全球不断挑起战争不同，中国始终高举和平、发展、合作、共赢的旗帜，采取了一系列积极措施来消解战争、促进世界和平。作为一个负责任的大国，中国向来主张通过对话和协商平台，积极表达自身的关切和立场，同时倾听其他国家的合理诉求。面对国际冲突，中国一直是国际和平的坚决促进者。中国一直秉持通过建设性的对话方式增进冲突双方的相互理解，减少误解和误判，为和平解决争端创造有利条件，推动各方通过对话和协商找到和平解决问题的途径。中国积极参与世界上动荡地区的维和行动，帮助当地政府和人民应对自然灾害、恐怖袭击、暴力冲突等，受到了当地政府和人民的广泛赞誉。

传统智慧

1. 交得其道，千里同好，固于胶漆，坚于金石。——《谯子·齐交》

【释义】朋友间若是交往有道，即使相隔千里也能同心交好，其友谊比胶漆还牢固，其情谊比金石还坚定。

2. 海不辞水，故能成其大；山不辞土石，故能成其高。——《管子·形势解》

【释义】大海不拒绝点滴的水，才能浩瀚无边；高山不拒绝一土一石，才能巍峨耸立。

3. 心合意同，谋无不成。——《非有先生论》

【释义】只要大家心念一致、想到一起，所谋划的事情就没有不成功的。

概言之，与资本主义现代化过程中广泛存在的殖民扩张和通过不断挑起战争大发战争财不同，人类文明新形态让中国式现代化呈现出鲜明的和平性特征，和平与发展不仅有利于中国自身的发展繁荣，也有利于将人类社会现代化从秉持零和游戏的“狼对狼”对抗状态转变到和平状态。

（三）人类文明新形态的包容性致力于构建“合作共赢”的现代化新图景

不论是历史上的“圈地运动”，还是当下的“大麻合法化”，还是频繁发生的战争，西方资本主义现代化将零和博弈的恶性竞争展现得淋漓尽致。与之截然相反，人类文明新形态不仅是对传统文化进行现代化创新发展的产物，更是一种具有全球视野和时代特色的新型文明形态，这种“包容性”为打破基于零和游戏规则的西方霸权主义、构建“合作共赢”的现代化新图景奠定了文明根基。习近平总书记指出：“人类命运共同体，顾名思义，就是每个民族、每个国家的前途命运都紧紧联系在一起，应该风雨同舟，荣辱与共，努力把我们生于斯、长于斯的这个星球建成一个和睦的大家庭，把世界各国人民对美好生活的向往变成现实。”

扬弃零和博弈、构建“合作共赢”的现代化新图景，既植根于马克思主义人类解放总目标，也是中华文明包容性特性的内在要求。一方面，马克思主义是以全世界无产者和人类解放为目标的，马克思主义政党是具有国际性和全球视野的政党，这决定了马克思主义文明观是普遍交往、多样共生、交流互鉴的“复数文明观”。在历史上，共产国际曾经发挥了很大的作用，积极参与全球左翼运动和革命事业，推动国际间的无产阶级团结和合作，为实现全人类的解放和共同利益而努力。由于各自的历史背景、政治体制、经济发展水平以及社会结构等多重因素，不同的文化都有其独特的价值和优点，不应该被简单地划分优劣，“自由人联合体”的价值诉求在世界文明观上要求尊重世界的多样性，丰富多彩、交流互鉴的“复数文明”才是人类文明的魅力所在，才是人类文明共同进步的常态。

与马克思主义人类解放的伟大目标相契合，中华民族的发展史就是各民族不断交融的过程，不同文明之间早就形成了相互包容、美美与共的共生观念。中国人自古以来就深知“他山之石，可以攻玉”，兼收并蓄是中华文明的古老传统，长期浸润在兼容并包、美美与共文明观中的中国人民不会走西方资本主义国家凡强必霸、对外扩张的老路，扬弃了西方资本主义国家一贯秉持的零和博弈思维，提出了构建人类命运共同体的理念。中国共产党既坚持“人民至上”，也坚持“胸怀天下”，致力于在尊重文明多样性的前提下，构建“合作共赢”的人类命运共同体。

开放包容的国际视野和合作共赢的理念，使得人类文明新形态正以其独特的魅力和价值超越西方中心主义的局限性，不仅彰显着中国式现代化的后发优势，也展现出超越西方资本主义现代化模式的强大生命力，展现出全新的现代化文明空间与人类社会现代化更新迭代的必然趋势。人类命运共同体强调全球治理中的合作和协商，反对单边主义和零和思维，推动国际关系更加公正平等，旨在促进全球治理进程朝着更加公正、合理、可持续方向发展，是中国为解决当今世界面临的挑战和问题提出的新理念，这对构建合作共赢的现代化新图景、推动全球治理体系和国际秩序变革发挥着十分重要的作用。随着推动构建人类命运共同体越来越展现出光明的前景，人类文明新形态将继续为人类社会现代化的更新迭代作出更大贡献。

结语

在党的领导下统筹中国式现代化的文化形态构建

构建中国式现代化的文化形态是一个全新的概念，亦是中国式现代化建设进程中的一个重大理论命题和重要历史任务。“中国式现代化赋予中华文明以现代力量，中华文明赋予中国式现代化以深厚底蕴。”推进中国式现代化建设是中国共产党在新时代的伟大事业。党的二十大报告将“坚持中国共产党领导”摆在中国式现代化九个本质要求的首位，将“坚持和加强党的全面领导”列为全面建设社会主义现代化国家必须牢牢把握的首要原则，并认为只有坚持党的集中统一领导才能“确保我国社会主义现代化建设正确方向”。因此，要全面坚持党的领导，以统筹中国式现代化的文化形态构建为战略导向，带着强烈的问题意识，抓住关键问题，从科学战略布局、认识战略价值、执行战略任务多方面回答好如何统筹中国式现代化的文化形态构建这一重大时代课题。

一、科学战略布局：将文化建设摆在突出位置

习近平总书记指出：“战略问题是一个政党、一个国家的根本性问题。战略上判断得准确，战略上谋划得科学，战略上赢得主动，党和人民事业就有大希望。”中国共产党自成立之日起便高度重视文化建设，为中华民族的文化繁荣作出了巨大贡献。文化是一个国家、一个民族的灵魂。文化兴国运兴，文化强民族强。在新的历史起点上，中国共产党牢牢把握文化建设的领导权，将文化建设摆在突出位置，推动文化繁荣、建成文化强国，这是中国共产党在新时代从认识、分析、判断重大时代课题中作出的科学战略决策。

文化是衡量一个民族进步与否的重要标志，是推动社会发展的重要动力。当今时代，文化在综合国力竞争中的地位日益重要。谁占据了文化发展的制高点，谁就能够更好地在激烈的国际竞争中掌握主动权。人类文明进步的历史充分表明，没有先进文化的积极引领，没有人民精神世界的极大丰富，没有全民族创造精神的充分发挥，一个国家、一个民族不可能屹立于世界先进民族之林。中华民族的强盛和复兴需要以文化兴盛为支撑，以中华文化繁荣为条件，使中国以高度文明的形象出现于世界。以习近平同志为核心的党中央将文化建设摆在治国理政突出位置，强调“统筹推进‘五位一体’总体布局、协调推进‘四个全面’战略布局，文化是重要内容；推动高质量发展，文化是重要支点；满足人民日益增长的美好生活需要，文化是重要因素；战胜前进道路上各种风险挑战，文化是重要力量源泉。”党的十八大以来，党中央在领导党和人民推进治国理政的实践中，不断深化对文化建设的规律性认识，并推动文化建设取得重大成就。

二、认识战略意义：实现党的初心与使命

从文明建设的视角来看，中国共产党100多年的奋斗历程是党秉持初心与使命为中华文明谋出路、奔前程的过程。100多年来，中国共产党团结带领人民进行的一切奋斗、一切牺牲、一切创造，都是在践行为中国人民谋幸福、为中华民族谋复兴的初心使命。中国共产党统筹中国式现代化的文化形态构建，是对党的初心与使命的有力践行，破除了西方话语霸权及话语价值体系，构建起以党的初心使命为价值核心的现代文明。

坚持为人民谋幸福的价值内核。其一，坚持人民至上，增进人民福

祉。马克思曾说：“人们为之奋斗的一切，都同他们的利益有关。”我们党推进中国式现代化和实现中华民族伟大复兴正是为广大人民群众争取更多的利益，增进民生福祉。1922 年 7 月，中国共产党在《关于共产党的组织章程决议案》中指出：“党的一切运动都必须深入到广大的群众里面去。”毛泽东更是一以贯之强调并要求全党“全心全意地为人民服务，一刻也不脱离群众”，“一切从人民的利益出发”。“坚持全心全意为人民服务”是新时代中国共产党构建中国式现代化的文化形态的根本遵循，彰显了为人民谋幸福的宗旨。其二，满足人民日益增长的美好生活需要。人民的幸福是构建中国式现代化的文化形态的根本。中国共产党肩负着

延伸阅读

一个小伙子在家里奋笔疾书，妈妈在外面喊着说：“你吃粽子要加红糖水，吃了吗？”他说：“吃了吃了，甜极了。”老太太进门一看，这个小伙子埋头写书，嘴上全是黑墨水。这人是谁呢？就是《共产党宣言》第一个中文全译本的译者陈望道，他当时在浙江义乌的家里，就是在做这个译本。于是，就有了“真理的味道非常甜”这句话。

理想因其远大而为理想，信念因其执着而为信念。从当时救亡图存，到全面建成小康社会，再到以中国式现代化全面推进中华民族伟大复兴，历史的进程不断向前，共产党人理想信念的“初心”却从未改变。

满足人民日益增长的美好生活需要的使命，努力让人民享有更多的优质文明发展成果。习近平总书记强调："现代化的最终目标是实现人自由而全面的发展。现代化道路最终能否走得通、行得稳，关键要看是否坚持以人民为中心。"与西方的现代文明不同，社会主义现代化文明坚持以人民为中心的战略逻辑，锚定人民对美好生活的向往，顺应人民对文明进步的渴望，而不是以资本为中心的少数人独享的现代文明。人，本质上就是文化的人，而不是"物化"的人；是能动的、全面的人，而不是僵化的、"单向度"的人。追求幸福生活是全世界人民的共同心愿，是全世界人民的价值诉求。新时代，中国共产党建设为中国人民谋幸福、为人类谋进步的社会主义现代化文明，不断提升人民的幸福感，满足人民对美好生活的需要，创造人类文明的新形态。

坚持为中华民族谋复兴的价值追求。中国式现代化和中国式现代化的文化形态与中华民族伟大复兴紧密联系、不可分割，始终贯穿党的百余年奋斗历史，是党奋斗的历史主题。民族复兴的历史使命承载着中华民族旧邦新命的历史担当。1840 年以后，中国被迫卷入世界现代化的潮流，同时陷入亡国灭种的危机中。无数仁人志士都奔赴在探索救国的道路上，但是西化的方案都相继以失败告终，中国共产党的成立为中华民族伟大复兴带来了希望，从此为中华民族谋复兴的使命就落到了中国共产党的肩膀上。1918 年，李大钊就中华文明的发展命运一事指出："顾吾人深信吾民族可以复活，可以于世界文明为第二次之大贡献。"中国共产党不是囿于某个特殊集体的利益而组织起来的政党，而是为人民谋幸福、为民族谋复兴，为了实现共产主义远大理想而组织起来的政党。中国共产党一经成立，中国人民谋求民族独立、人民解放和国家富强、人民幸福的斗争就有了主心骨，中国人民就从精神上由被动转为主动。革命先烈恽代英深刻谈到，要实现民族复兴，必须要有党的领导，这样的党应该是"伟大的、普遍的、真有力量"可以完成建设事业的党。解放战争时期，毛泽东指出，解放战争和人民革命"已经复兴了并正在复兴着伟大的中国人民的文化"。党的十一届三中全会以来，中国共产党推进改革开放和社会主义现代化建设，并将实现中华民族伟大复兴与现代化事业相联系。1988 年，七届人大一次会议提出："我们中华民族是一个优秀的民族，蕴涵着巨大的凝聚力和创造力，为世界文明做出过、并将继续做出卓越的贡献。""只要振奋起民族精神，坚定不移地沿着有中国特色的社会主义道路前进，就一定能够创造出光辉灿烂的业绩，实现中华民族的伟大复兴！"社会主义现代化文明克服了西方资本主义逐利性文明的内在局限，尊重世界文明多样性，倡导全人类共同价值，创造人类文明新形态，符合世界发展的历史趋势。中国式现代化是我们强国建设、民族复兴的康庄大道，也是中国谋求人类进步、世界大同的必由之路。新时代在中国式现代化道路上，中国共产党继续承载着实现中华民族伟大复兴的价值追求，以中国式现代化推动中华民族伟大复兴。

三、执行战略任务：践行新时代的文化使命

中国共产党新时代的文化使命的提出标志着构建中国式现代化的文化形态进入新阶段，展现了中国式现代化对文化发展的新图景，激励我们创造出更多属于我们这个时代的新文化。人类文明新形态是中华文明的崭新形式和现代转型，打开了文化创新的空间，为强国建设和民族复兴提供了坚强的理论支撑。这就需要我们从中国基本国情和现代化事业发展目标出发，厘清中国式现代化的文化形态将如何构建。在回答这一时代课题的过程中，担负起新时代的文化使命。

中国式现代化要建设什么样的文化形态？这一问题可以追溯到五四

运动时期，当时人们被禁锢在封建主义的坚硬外壳之中，进行着不彻底的民主革命，在迷茫途中并未找到正确出路。毛泽东在《新民主主义论》中提出："我们要建立中华民族的新文化，但是这种新文化究竟是一种什么样子的文化呢？"最终总结出"民族的科学的大众的文化"就是中华民族的新文化。新中国成立初期，毛泽东提出："随着经济建设的高潮的到来，不可避免地将要出现一个文化建设的高潮。中国人被人认为不文明的时代已经过去了，我们将以一个具有高度文化的民族出现于世界。"毛泽东提出的关于建立新文明的主张为发展中国特色社会主义文化奠定了理论基础。改革开放以后，党中央先后提出"科学技术是第一生产力""建设社会主义精神文明""弘扬和培育中华民族精神"等一系列重要理念，将社会主义现代化文明进一步推向新阶段。党的十八大以来，中国共产党对构建中国式现代化的文化形态的认识逐渐拓展和深化，不断发展中国特色社会主义文化，铸就中华文化新辉煌。随着中国式现代化进程的不断推动，在党的领导下统筹中国式现代化的文化形态构建，要坚定文化自信，坚持走自己的路，立足中华民族伟大历史实践和当代实践，用中国道理总结好中国经验，把中国经验提升为中国理论，实现精神上的独立自主。社会主义现代化文明既不是中华文明的简单复制和延续，亦不是对资本主义文明的全面否定，而是在中国式现代化道路上不断守正创新，创造出符合人类发展规律，以实现全人类解放和人的自由全面发展的人类文明新形态。

中国式现代化的文化形态将如何铸就？构建中国式现代化的文化形态是一个庞大且复杂的系统工程。中国共产党是推进中国式现代化与构建中国式现代化的文化形态的设计者和主导者，为构建中国式现代化的文化形态提供理论指导、道路指引，承担着领导和协调职责。中国共产党遵循"因时而兴，乘势而变，随时代而行，与时代同频共振"的文化发展规律，推动了中华优秀传统文化创造性转化和创新性发展，是构建中国式现代化的文化形态的领导者和推动者。首先，建设马克思主义学习型政党。不断提升党的执政能力和领导水平，使中国共产党在理论和实践上保持先进性，在继承和弘扬中华优秀传统文化的基础上大胆吸收和借鉴人类社会创造的一切文明成果，把握时代发展大势，建设马克思主义学习型政党，是构建中国式现代化的文化形态的重要环节。其次，加强党的全面领导。始终坚持党的文化领导权、对意识形态工作的领导权，确保推进中国式现代化行稳致远。习近平总书记强调："在意识形态斗争上，我们没有任何妥协退让的余地，必须把领导权牢牢掌握在手中，任何时候都不能旁落，否则就要犯无可挽回的历史性错误。"从根本上来说，坚持党的领导就是坚持社会主义，党的领导直接关系中国式现代化的文化形态的构建性质和方向。加强党对宣传思想文化工作的领导，同时加强党内文化对构建中国式现代化的文化形态的引导和示范作用。最后，实行全面动员机制。中国共产党自成立起自觉承担起文化繁荣发展的文化使命。群众是历史的创造者，构建中国式现代化的文化形态，要"从群众中来，到群众中去"，将中国式现代化的文化形态构建与群众的实践活动结合于现代化的实践当中。"理论一经掌握群众，也会变为物质力量。"中国共产党坚持群众路线，激励广大人民群众发挥自身的主体作用，调动广大人民群众参与文明建设的积极性，通过统一战线，凝聚各方面力量，促进政党关系、民族关系、宗教关系、阶层关系、海外同胞关系的和谐，并依靠党强大的吸引力将海外同胞凝聚起来。博大精深的中华文化是海内外中华儿女共同的魂，实现中华民族伟大复兴是海外儿女共同的梦，团结好一切力量为发展新时代中国特色社会主义文化服务。

中国共产党是构建中国式现代化的文化形态的领导者，在党的领导下统筹中国式现代化的文化形态构建是一个庞大且复杂的系统工程，既

◆ 北京冬奥会开幕式“构建一朵雪花”环节

北京冬奥会开幕式上，各代表团引导员高举雪花造型引导牌聚合在一起，让一朵朵“小雪花”共同构成一朵“大雪花”。把无数个“我”汇聚成“我们”，让“世界大同，天下一家”的理念与“更团结”的呼吁相互激荡。北京冬奥会上中国元素无处不在，盈盈飘动的“冰丝带”、长袖若舞的“雪飞天”、蜿蜒盘旋的“雪游龙”，让世界领略意境高远、意蕴丰厚的东方美学。“黄河之水天上来”的浩荡气势，“裁冰镂雪几多工”的冰雪五环，“致广大而尽精微”的冬奥火炬……无不展现着中国人的文化自信，也向世界传递了新时代中国自信自立的精神风貌。

要面对来自我国自身现代化发展的特殊性，又要应对极具变革的现代化国际环境。党的 100 多年奋斗历史证明，只有毫不动摇坚持党的领导，中国式现代化的文化形态构建才能顺利进行，否则就会偏离航向，甚至犯颠覆性错误。在新的历史起点上，我们要始终坚持将文化建设摆在治国理政突出位置，坚持党的初心与使命，践行新时代的文化使命，在中国式现代化进程中推动中国式现代化的文化形态构建，创造一种全新的人类文明形态，为世界文明的发展进步贡献中国力量。

后记

习近平总书记在文化传承发展座谈会上指出，“第二个结合”让马克思主义成为中国的，中华优秀传统文化成为现代的，让经由“结合”而形成的新文化成为中国式现代化的文化形态。这一高屋建瓴的深刻论断为新时代中国特色社会主义文化建设指明前进的方向和道路。新时代以来，全面深化改革推动了中国式现代化进程，塑造了新型文化、新型文明，丰富和发展了人类文明新形态。党的二十届三中全会以进一步全面深化改革开辟中国式现代化的广阔前景，深刻把握了改革与文化、改革与现代化关系的历史主动，推动全面深化改革与中国式现代化文化形态构建的相互促进。本书从进一步全面深化改革、建设社会主义文化强国的时代课题出发，深入浅出阐述了中国式现代化文化形态的深厚底蕴、历史进程、重大意义、实践路径等，是阐释中国式现代化文化形态的一部具有理论深度、历史厚度、视野广度、价值高度的理论阐释读物。

本书是来自各单位的作者集体创作的成果。各章作者及所在单位是：导论，颜晓峰（天津大学）；第一章，朱康有（国防大学）；第二章，杨丽雯（天津大学）；第三章，韩淑慧（天津大学）；第四章，刘博（天津大学）；第五章，赵海波（天津大学）；第六章，王芳（上海中医药大学）；第七章，李云峰（天津大学）；第八章，任倚步（天津大学）；第九章，卢建华（华侨大学）；第十章，张海燕（内蒙古大学）；结语，刘春洁（天津大学）。

颜晓峰负责全书总体设计，颜晓峰、刘春洁负责全书统稿，刘春洁负责撰写工作协调。

本书的出版，得到各位作者所在单位的大力支持，得到学习出版社的大力支持，在此一并表示衷心感谢！在写作过程中吸收了学术界研究成果，本书定位为通俗理论读物，参考文献省略。

本书的不足之处，恳请各位读者批评指正。

作 者

2024 年 12 月